Easy Chinese Reading

Fun Stories for Beginners

with Free Audio

ALLanguageCafe.com 

Authors: Luisa Feng, Amy Lin, Yuping Cui

Translator: Amy Lin

目录

HOW TO USE THIS BOOK EFFECTIVELY

Every story in this book comes in 3 different formats, along with a list of carefully selected words, and reading exercises and solutions specific to each story.

The 3 different formats of the story are as follows:

1. Chinese Characters only
2. Chinese Characters with Pinyin
3. Chinese Characters with English Translation (Side-by-Side)

You're welcome to make use of this book in whatever way suits you. If you are not sure how to use this book effectively to help you learn Chinese, then here is our recommendation to accelerate your learning experience.

STEP 1 - Read the Story in Format 1 - Chinese Characters Only

To become comfortable with Chinese characters, you need to expose yourself to them. By reading characters only, you will train your eyes to see and recognize Chinese characters. Initially, this might be challenging, but your skills will improve as you read more stories, and Chinese characters will become second nature to you.

STEP 2 - Read the Story in Format 2 - Chinese Characters with Pinyin

After reading the story in Chinese characters, you might understand the gist of the story and characters, but it doesn't reflect your pronunciation. With Format 2, we have added pinyin to every Chinese character. If your environment allows, we highly recommend reading the story out loud. This will not only help you solidify the pronunciation of each character but also help you get used to speaking Chinese and deepen your understanding of Chinese structures and grammar.

STEP 3 - Read the Story in Format 3 - Chinese Characters with English Translation (Side-by-Side)

One common problem learners face while learning Chinese is understanding all the characters in a sentence, but not grasping the meaning, or possibly misunderstanding it. This is where Format 3 comes in to help you check your understanding. With the side-by-side translation, you can verify whether you've understood the text correctly. Another benefit provided by the side-by-side translation is being able to observe the grammatical differences and cultural nuances between the two languages easily. Gaining an understanding of and exposure to these nuances will help train you to think in Chinese.

Furthermore, if you had trouble with some words in Steps 1 or 2, our first recommendation is to figure out the meaning within the Chinese context. If that doesn't work, then use the English translation to help you identify any words or phrases that gave you trouble. Refining your ability to recognize context clues and leverage them to comprehend unfamiliar words will be beneficial for you in the long run.

STEP 4 - Expand Your Vocabulary Effectively

Every story comes with a list of words carefully selected to help learners effectively expand their vocabulary. As you study these words, pay attention to their context in the story to understand proper usage, as words can change meaning in different contexts. Expanding your vocabulary enhances your ability to express yourself more precisely and fully, improves comprehension, and builds a stronger foundation for overall language fluency.

STEP 5 - Improve Your Reading Comprehension

Complete the various exercises designed by our experienced teachers to help students improve their reading comprehension. These exercises will help you review the words you have learned, understand difficult vocabulary, practice grammar and sentence structures, and understand the key concepts of the story. Each exercise comes with solutions, so you never have to wonder whether your answers are correct.

STORY 1. 奇怪的朋友

My Strange Friend

Chinese Characters Only

我有一个朋友，她的名字叫宣丽华，她今年三十二岁，是一个医生。

我们是中学同学，她在上中学的时候就很漂亮，有很多男同学喜欢她，但她都不喜欢他们。工作后，她每天都做运动，虽然现在三十多岁了，但是还是像中学时那样漂亮。不过，她从小到大，一个男朋友都没交过，一个女朋友也都没有交过。我问她为什么，她笑了笑，没有说话。

她现在在一家很大很有名的医院工作，她的工资很高，赚了很多钱。但是她没有买房子，也没有买车，每天骑自行车去上班，要骑一个小时才能到呢！我问她："你有这么多钱，为什么不买一辆车呢？"她还是没有回答我。

她也没什么昂贵的爱好。下班后会在家做饭，看电视，读书。她从不去旅游，也不喜欢买贵的衣服。有一次我们一起吃晚饭，我又问她：“你准备把你的钱用在哪里呢？不会等到你死了，钱都还在银行里吧？”

她对我说：“等我们到了 60 岁的时候，你就知道我要做什么了。”

看来，为了知道你要把钱用在哪里，我要一直和你做朋友呢！我奇怪的朋友啊！

Chinese Characters + Pinyin

wǒ yǒu yí gè péng you tā de míng zì jiào xuān lì
我有一个朋友，她的名字叫宣丽

huá tā jīn nián sān shí èr suì shì yí gè yī shēng
华，她今年三十二岁，是一个医生。

wǒ men shì zhōng xué tóng xué tā zài shàng zhōng
我们是中学同学，她在上中

xué de shí hou jiù hěn piào liang yǒu hěn duō nán
学的时候就很漂亮，有很多男

tóng xué xǐ huan tā dàn tā dōu bù xǐ huan tā
同学喜欢她，但她都不喜欢他

men gōng zuò hòu tā měi tiān dōu zuò yùn dòng
们。工作后，她每天都做运动，

suī rán xiàn zài sān shí duō suì le dàn shì hái shì
虽然现在三十多岁了，但是还是

xiàng zhōng xué shí nà yàng piào liang bú guò tā
像中学时那样漂亮。不过，她

cóng xiǎo dào dà yí gè nán péng you dōu méi jiāo
从小到大，一个男朋友都没交

guò yí gè nǚ péng you yě dōu méi yǒu jiāo guò
过，一个女朋友也都没有交过。

wǒ wèn tā wèi shén me tā xiào le xiào méi yǒu

我问她为什么，她笑了笑，没有

shuō huà

说话。

tā xiàn zài zài yì jiā hěn dà hěn yǒu míng de yī yuàn

她现在在一家很大很有名的医院

gōng zuò tā de gōng zī hěn gāo zhuàn le hěn

工作，她的工资很高，赚了很

duō qián dàn shì tā méi yǒu mǎi fáng zi yě méi

多钱。但是她没有买房子，也没

yǒu mǎi chē měi tiān qí zì xíng chē qù shàng bān

有买车，每天骑自行车去上班，

yào qí yí gè xiǎo shí cái néng dào ne wǒ wèn tā

要骑一个小时才能到呢！我问她：

nǐ yǒu zhè me duō qián wèi shén me bù mǎi yí

“你有这么多钱，为什么不买一

liàng chē ne tā hái shì méi yǒu huí dá wǒ

辆车呢？”她还是没有回答我。

tā yě méi shén me áng guì de ài hào xià bān hòu

她也没什么昂贵的爱好。下班后

huì zài jiā zuò fàn kàn diàn shì dú shū tā cóng

会在家做饭，看电视，读书。她从

bú qù lǚ yóu yě bù xǐ huan mǎi guì de yī fu

不去旅游，也不喜欢买贵的衣服。

yǒu yí cì wǒ men yì qǐ chī wǎn fàn wǒ yòu wèn
有一次我们一起吃晚饭，我又问

tā nǐ zhǔn bèi bǎ nǐ de qián yòng zài nǎ lǐ ne
她："你准备把你的钱用在哪里呢？

bú huì děng dào nǐ sǐ le qián dōu hái zài yín háng
不会等到你死了，钱都还在银行

lǐ ba
里吧？"

tā duì wǒ shuō děng wǒ men dào le liù shí suì de
她对我说："等我们到了60岁的

shí hou nǐ jiù zhī dào wǒ yào zuò shén me le
时候，你就知道我要做什么了。"

kàn lái wèi le zhī dào nǐ yào bǎ qián yòng zài nǎ
看来，为了知道你要把钱用在哪

lǐ wǒ yào yì zhí hé nǐ zuò péng you ne wǒ qí
里，我要一直和你做朋友呢！我奇

guài de péng you a
怪的朋友啊！

Chinese Characters + Translation

我有一个朋友，她的名字叫宣丽华，她今年三十二岁，是一个医生。

I have a friend. Her name is Xuan Lihua. She is 32 years old. She is a doctor.

我们是中学同学，她在上中学的时候就很漂亮，有很多男同学喜欢她，但她都不喜欢他们。工作后，她每天都做运动，虽然现在三十多岁了，但是还是像中学时那样漂亮。不过，她从小到大，一个男朋友都没交过，一个女朋友也都没有交过。我问她为什么，她笑了笑，没有说话。

We were middle school classmates. She was already very pretty when attending middle school. Many male classmates liked her. But she didn't like any of them. After starting work, she exercises every day. Although she is 30-something now, she is still as pretty as her middle school self. But, ever since she was little, she hasn't had a boyfriend or a girlfriend. I asked her why. She smiled and didn't say a thing.

她现在在一家很大很有名的医院工作，她的工资很高，赚了很多钱。但是她没有买房子，也没有买车，每天骑自行车去上班，要骑一

She is now working at a big and famous hospital. Her salary is high. She makes a lot of money. But she hasn't bought a house or a car. She rides a bike to work every day. It takes an hour to get there on a bike! I asked

个小时才能到呢！我问她：“你有这么多钱，为什么不买一辆车呢？”她还是没有回答我。

her, “You have so much money. Why don’t you buy a car?” She still didn’t answer me.

她也没什么昂贵的爱好。下班后会在家做饭，看电视，读书。她从不去旅游，也不喜欢买贵的衣服。有一次我们一起吃晚饭，我又问她：“你准备把你的钱用在哪里呢？不会等到你死了，钱都还在银行里吧？”

She doesn’t have any expensive hobbies either. After work, she cooks at home, watches TV, and reads. She has never traveled, nor does she like to buy expensive clothes. Once we were having dinner together, I asked her again, “What do you plan on doing with your money? It can’t be by the time you die, your money is still in the bank, right?”

她对我说：“等我们到了 60 岁的时候，你就知道我要做什么了。”

She said to me, “When we get to 60 years old, you will then know what I am going to do (with the money).”

看来，为了知道你要把钱用在哪里，我要一直和你做朋友呢！我奇怪的朋友啊！

It seems like in order to know what you are going to do with your money, I have to stay friends with you! Ah, my strange friend!

Vocabulary

还是 (hái shì) or

像 (xiàng) to be like; to resemble

有名 (yǒu míng) famous

骑 (qí) to ride (an animal or bike)

自行车 (zì xíng chē) bike

才 (cái) not until (to express something happening later than expected)

辆 (liàng) measure word for vehicles

回答 (huí dá) to reply; to answer

爱好 (ài hào) hobby

又 (yòu) (once) again

用 (yòng) to use

银行 (yín háng) bank

为了 (wèi le) in order to

一直 (yì zhí) always

奇怪 (qí guài) strange; odd

不过 (bú guò) but

交 (jiāo) to make (friends)

工资 (gōng zī) wage; salary

赚 (zhuàn) to earn (money)

死 (sǐ) to die

那样 (nà yàng) like that; in that way

看来 (kàn lái) to seem like

昂贵 (áng guì) expensive

Exercises & Solutions

1. 把下面的词汇翻译成英语。

Translate the following words to English.

我

有

准备

女

知道

2. 把打乱的词汇重新排列，组成一句话。

Rearrange the words to form a sentence.

旅游

不喜欢

也

从不

她

买

贵的

去

衣服

3. 我为什么觉得我的朋友很奇怪？举一个例子。

Why do I think my friend is strange? Provide an example.

4. 把下面的词汇翻译成中文。

Translate the following words to Chinese.

we; us

friend

to wait

to ask

expensive

5. 判断对错。正确的写"对"，错误的写"错"。

True or false. Write "对" for true statements. Write "错" for false statements.

A. 我朋友她工资很低。

B. 丽华每天骑自行车去上班。

C. 我和她是中学同学。

D. 我朋友有车有房。

E. 宣丽华是一个护士。

Solutions

1. 我 (wǒ) I; me　　有 (yǒu) have

准备 (zhǔn bèi) to prepare; to plan

女 (nǚ) female　　知道 (zhī dào) to know

2. 她从不去旅游，也不喜欢买贵的衣服。

3. 例子 1 —— 她从小到大，一个男朋友都没交过，一个女朋友也都没有交过。

例子 2 —— 她的工资很高，赚了很多钱。但是她没有买房子，也没有买车，每天骑自行车去上班，要骑一个小时才能到呢！

例子 3 —— 她也没什么昂贵的爱好。下班后会在家做饭，看电视，读书。她从不去旅游，也不喜欢买贵的衣服。我不知道她准备把钱用在哪里。

4. 我们 (wǒ men) we; us　　朋友 (péng you) friend

等 (děng) to wait　　问 (wèn) to ask

贵 (guì) expensive

5. A.错 B.对 C.对 D.错 E.错

STORY 2. 有怪物

There's a Monster!

Chinese Characters Only

小男孩哭着跑回家，跟妈妈说："妈妈！有怪物！"

妈妈问："怪物？怪物在哪里？"

小男孩告诉妈妈，他在很多地方都看到了怪物，怪物在大树前面，怪物在自行车旁边，怪物还跟在他朋友的后面！

妈妈又问到："怪物长什么样子呀？"

小男孩说，怪物是黑色的，有时很大，有时很小，有的时候长得像一个人，但是没有眼睛，也没有嘴巴。

这时，是下午的 6 点，天慢慢变黑了，为了让小男孩不再害怕，妈妈打开了灯。但小男孩突然大哭了起来，他指着妈妈的身后说："妈妈！快看！怪物来了！"

原来，小男孩把影子当成了怪物。

Chinese Characters + Pinyin

xiǎo nán hái kū zhe pǎo huí jiā gēn mā ma shuō
小男孩哭着跑回家，跟妈妈说：

mā ma yǒu guài wu
“妈妈！有怪物！”

mā ma wèn guài wu guài wu zài nǎ lǐ
妈妈问：“怪物？怪物在哪里？”

xiǎo nán hái gào sù mā ma tā zài hěn duō dì fang
小男孩告诉妈妈，他在很多地方

dōu kàn dào le guài wu guài wu zài dà shù qián
都看到了怪物，怪物在大树前

miàn guài wu zài zì xíng chē páng biān guài wu
面，怪物在自行车旁边，怪物

hái gēn zài tā péng you de hòu miàn
还跟在他朋友的后面！

mā ma yòu wèn dào guài wu zhǎng shén me
妈妈又问到：“怪物长什么

yàng zi ya
样子呀？”

xiǎo nán hái shuō guài wu shì hēi sè de yǒu shí
小男孩说，怪物是黑色的，有时

hěn dà yǒu shí hěn xiǎo yǒu de shí hou zhǎng
很大，有时很小，有的时候长

de xiàng yí gè rén dàn shì méi yǒu yǎn jing yě
得像一个人，但是没有眼睛，也

méi yǒu zuǐ ba
没有嘴巴。

zhè shí shì xià wǔ de diǎn tiān màn màn biàn
这时，是下午的6点，天慢慢变

hēi le wèi le ràng xiǎo nán hái bú zài hài pà
黑了，为了让小男孩不再害怕，

mā ma dǎ kāi le dēng dàn xiǎo nán hái tū rán dà
妈妈打开了灯。但小男孩突然大

kū le qǐ lái tā zhǐ zhe mā ma de shēn hòu shuō
哭了起来，他指着妈妈的身后说：

mā ma kuài kàn guài wu lái le
“妈妈！快看！怪物来了！”

yuán lái xiǎo nán hái bǎ yǐng zi dāng chéng le
原来，小男孩把影子当成了

guài wu
怪物。

Chinese Characters + Translation

小男孩哭着跑回家，跟妈妈说：“妈妈！有怪物！”

A little boy runs home crying and tells his mother, “Mom! There’s a monster!”

妈妈问：“怪物？怪物在哪里？”

His mother asks, “A monster? Where is the monster?”

小男孩告诉妈妈，他在很多地方都看到了怪物，怪物在大树前面，怪物在自行车旁边，怪物还跟在他朋友的后面！

The little boy tells his mother that he has seen the monster in many places - in front of a big tree, next to a bicycle, and even following his friend!

妈妈又问到：“怪物长什么样子呀？”

His mother asks again, “What does the monster look like?”

小男孩说，怪物是黑色的，有时很大，有时很小，有的时候长得像一个人，但是没有眼睛，也没有嘴巴。

The little boy says the monster is black, sometimes big and sometimes small, and sometimes looks like a person, but it has no eyes, and it has no mouth.

这时，是下午的 6 点，天慢慢变黑了，为了让小男孩不再害怕，妈妈打开了灯。但小男孩突然大哭了起来，他指着妈妈的身后说：“妈妈！快看！怪物来了！”

Right then, it turns 6 o'clock in the afternoon, the sky slowly turns dark. To make the little boy less afraid, the mother turns on the lights. But the little boy suddenly starts crying, he points behind his mother, saying, "Mom! Look! The monster is here!"

原来，小男孩把影子当成了怪物。

It turns out that the little boy mistook the shadow for a monster.

Vocabulary

树 (shù) - tree

样子 (yàng zi) - appearance

呀 (yā) - a particle used at the end of a sentence to express surprise, doubt, exclamation, etc.

指 (zhǐ) - to point

原来 (yuán lái) - it turns out that; as a matter of fact

当成 (dāng chéng) - to take as; to regard as

怪物 (guài wu) - monster

身后 (shēn hòu) - behind a person

影子 (yǐng zi) - shadow

Exercises & Solutions

1. 把下面的词汇翻译成英语。

Translate the following words to English.

眼睛

害怕

突然

但是

下午

2.下面的词汇里哪一个不应该出现在这里？

Odd one out. Find the word that doesn’t belong to this group.

A.问　B.哭　C.说　D.快

3.看下面关于故事里“怪物”的描述，哪个是不正确的？

Which description about the “monster” in the story is incorrect?

A. 怪物只有在晚上才会出现。

The monster only appears at night.

B. 怪物有时很大，有时很小。

The monster is sometimes big and sometimes small.

C. 怪物会跟在人的后面。

The monster follows behind people.

D. 大树旁边也有怪物。

There is also a monster next to the big tree.

4. 把打乱的词汇重新排列，组成一句话。

Rearrange the words to form a sentence.

长

怪物

什么

呀？

样子

5. 把打乱的词汇重新排列，组成一句话。

Rearrange the words to form a sentence.

为了

害怕

小男孩

让

不再

Solutions

1.

眼睛 eyes

害怕 to be afraid/scared

突然 suddenly

但是 but

下午 afternoon

2.D

3.A (In the story, the monster is the shadow, so it also appears during the day when there is light)

4.怪物长什么样子呀？

5.为了让小男孩不再害怕。

STORY 3. 你喜欢喝什么？

What Do You Like to Drink?

Chinese Characters Only

我今天有点不高兴，因为下午上课时，老师问同学们："你们最喜欢喝什么？"只有我回答不出来这个问题，所以我有点不高兴。

你可能觉得这个问题非常简单。我的同学们也是这么想的，所以，有的同学说他最喜欢喝牛奶，有的同学说他喜欢喝茶。但是，我的答案却有些复杂。

在春天，我最喜欢喝热茶，因为茶水是绿色的，春天也是绿色的。在绿色的春天喝绿色的茶，是不是很好玩？

在夏天，我最喜欢喝水，因为夏天很热，我经常在学校里打篮球，会出很多汗，这个时候喝一杯冷水就真的非常舒服。

在秋天，我喜欢喝咖啡，因为秋天里我总是很困，喝咖啡可以提神。但是妈妈说，小孩子不可以喝很多咖啡，所以我会在早上喝一小杯加了牛奶的咖啡。

在冬天，我喜欢喝热牛奶，因为牛奶和雪的颜色是一样的！都是白色的。而且，冬天很冷，在上学前喝一杯热牛奶，身体就会暖暖的。

这就是我的答案，你呢？你喜欢喝什么？

Chinese Characters + Pinyin

wǒ jīn tiān yǒu diǎn bù gāo xìng yīn wèi xià wǔ
我今天有点不高兴，因为下午

shàng kè shí lǎo shī wèn tóng xué men nǐ
上课时，老师问同学们：“你

men zuì xǐ huan hē shén me zhǐ yǒu wǒ huí
们最喜欢喝什么？”只有我回

dá bù chū lái zhè ge wèn tí suǒ yǐ wǒ yǒu diǎn
答不出来这个问题，所以我有点

bù gāo xìng
不高兴。

nǐ kě néng jué de zhè ge wèn tí fēi cháng jiǎn dān
你可能觉得这个问题非常简单。

wǒ de tóng xué men yě shì zhè me xiǎng de suǒ
我的同学们也是这么想的，所

yǐ yǒu de tóng xué shuō tā zuì xǐ huan hē niú
以，有的同学说他最喜欢喝牛

nǎi yǒu de tóng xué shuō tā xǐ huan hē chá dàn
奶，有的同学说他喜欢喝茶。但

shì wǒ de dá àn què yǒu xiē fù zá
是，我的答案却有些复杂。

zài chūn tiān wǒ zuì xǐ huan hē rè chá yīn wèi
在春天，我最喜欢喝热茶，因为

chá shuǐ shì lǜ sè de chūn tiān yě shì lǜ sè de
茶水是绿色的，春天也是绿色的。

zài lǜ sè de chūn tiān hē lǜ sè de chá shì bu shì
在绿色的春天喝绿色的茶，是不是

hěn hǎo wán
很好玩？

zài xià tiān wǒ zuì xǐ huan hē shuǐ yīn wèi xià
在夏天，我最喜欢喝水，因为夏

tiān hěn rè wǒ jīng cháng zài xué xiào lǐ dǎ lán
天很热，我经常在学校里打篮

qiú huì chū hěn duō hàn zhè ge shí hou hē yì
球，会出很多汗，这个时候喝一

bēi lěng shuǐ jiù zhēn de fēi cháng shū fu
杯冷水就真的非常舒服。

zài qiū tiān wǒ xǐ huan hē kā fēi yīn wèi qiū
在秋天，我喜欢喝咖啡，因为秋

tiān lǐ wǒ zǒng shì hěn kùn hē kā fēi kě yǐ tí
天里我总是很困，喝咖啡可以提

shén dàn shì mā ma shuō xiǎo hái zi bù kě yǐ
神。但是妈妈说，小孩子不可以

hē hěn duō kā fēi suǒ yǐ wǒ huì zài zǎo shang hē
喝很多咖啡，所以我会在早上喝

yì xiǎo bēi jiā le niú nǎi de kā fēi
一小杯加了牛奶的咖啡。

zài dōng tiān wǒ xǐ huan hē rè niú nǎi yīn wèi
在冬天，我喜欢喝热牛奶，因为

niú nǎi hé xuě de yán sè shì yí yàng de dōu shì
牛奶和雪的颜色是一样的！都是

bái sè de ér qiě dōng tiān hěn lěng zài shàng
白色的。而且，冬天很冷，在上

xué qián hē yì bēi rè niú nǎi shēn tǐ jiù huì nuǎn
学前喝一杯热牛奶，身体就会暖

nuǎn de
暖的。

zhè jiù shì wǒ de dá àn nǐ ne nǐ xǐ huan hē
这就是我的答案，你呢？你喜欢喝

shén me
什么？

Chinese Characters + Translation

我今天有点不高兴，因为下午上课时，老师问同学们："你们最喜欢喝什么？" 只有我回答不出来这个问题，所以我有点不高兴。

I am a bit unhappy today because during the class this morning, the teacher asked the class, "What do you like to drink the most?" Only I couldn't answer this question, so I have been unhappy.

你可能觉得这个问题非常简单。我的同学们也是这么想的，所以，有的同学说他最喜欢喝牛奶，有的同学说他喜欢喝茶。但是，我的答案却有些复杂。

You probably think this question is really easy. My classmates thought so, too. So some classmates said he liked drinking milk the most, and some said he liked drinking tea. However, my answer is kind of complicated.

在春天，我最喜欢喝热茶，因为茶水是绿色的，春天也是绿色的。在绿色的春天喝绿色的茶，是不是很好玩？

In spring, I like to drink hot tea the most because the tea water is green, and spring is also green. In the green spring drinking green tea, isn't that fun?

在夏天，我最喜欢喝水，因为夏天很热，我经常在学校里打篮球，会出很多汗，这个时候喝一杯冷水就真的非常舒服。

In summer, I like to drink water the most because summer is hot. I often play basketball at school, and so I sweat a lot. Right then drinking a cup of cold water feels extremely nice.

在秋天，我喜欢喝咖啡，因为秋天里我总是很困，喝咖啡可以提神。但是妈妈说，小孩子不可以喝很多咖啡，所以我会在早上喝一小杯加了牛奶的咖啡。

In autumn, I like to drink coffee because I always feel sleepy during autumn. Drinking coffee energizes me. But my mom said little kids shouldn’t drink a lot of coffee, so in the morning, I will drink a small cup of coffee with milk added to it.

在冬天，我喜欢喝热牛奶，因为牛奶和雪的颜色是一样的！都是白色的。而且，冬天很冷，在上学前喝一杯热牛奶，身体就会暖暖的。

In winter, I like drinking hot milk because milk and snow are the same color! They are both white. In addition, winter is cold, so drinking a cup of hot milk before going to school, my body will warm up.

这就是我的答案，你呢？你喜欢喝什么？

This is my answer. What about you? What do you like to drink?

Vocabulary

只有 (zhǐ yǒu) only

回答 (huí dá) to reply

简单 (jiǎn dān) simple

经常 (jīng cháng) often

舒服 (shū fu) comfortable

总是 (zǒng shì) always

一样 (yí yàng) same; alike

这么 (zhè me) this much; so + [adjective]

春天 (chūn tiān) spring

夏天 (xià tiān) summer

秋天 (qiū tiān) autumn

冬天 (dōng tiān) winter

答案 (dá àn) answer

复杂 (fù zá) complicated; complex

汗 (hàn) sweat

困 (kùn) sleepy

提神 (tí shén) to energize

加 (jiā) to add

暖 (nuǎn) warm

Exercises & Solutions

1.把打乱的词汇重新排列，组成一句话。

Rearrange the words to form a sentence.

什么

最

喜欢

你们

喝

2.为什么在冬天我喜欢喝热牛奶？Why do I like to drink warm milk during winter?

A.因为牛奶和雪的颜色是一样的。

B.因为我经常在学校里打篮球。

C.因为我总是很困。

D.因为我会出很多汗。

3.把下面的词汇翻译成中文。

Translate the following words to Chinese.

to drink

classmate

to think

because

milk

4.下面的词汇里哪一个不应该出现在这里？

Odd one out. Find the word that doesn't belong to this group.

A.春天

B.今天

C.夏天

D.冬天

5.把下面的词汇翻译成英语。

Translate the following words to English.

喜欢

在

茶

玩

最

Solutions

1.你们最喜欢喝什么？

2.A

3.

喝 (hē) to drink

同学 (tóng xué) classmate

想 (xiǎng) to think

因为 (yīn wèi) because

牛奶 (niú nǎi) milk

4.B.今天

5.

喜欢 (xǐ huan) like

在 (zài) in; at

茶 (chá) tea

玩 (wán) to play

最 (zuì) the most

STORY 4. 爱唱歌的乌鸦

The Crow That Loves to Sing

Chinese Characters Only

小乌鸦今天 6 个月大了，它住在学校旁边的一棵大树上。这天下午，它在教室外面的窗台休息。听到老师在教室里问学生们："同学们！你们都有什么兴趣爱好呀？"

有的同学说他喜欢睡觉，有的同学说喜欢踢足球，还有的说喜欢游泳，喜欢看电视。

小乌鸦也想回答这个问题，它喜欢唱歌呀！这么想着，它就在窗台上唱起了歌。刚唱了 1 分钟，教室里的小男孩打开了窗子："走开！你叫得太难听了！"

小乌鸦吓得飞回了树林，站在树枝上继续唱歌。吵醒了正在睡觉的猫头鹰。猫头鹰生气地瞪圆了眼睛："别叫了！太难听了！"

小乌鸦飞到了公园里，草地上一只百灵鸟在唱歌。人们都说，它唱得真好听呀！小乌鸦也开始在旁边唱歌。呱呱的叫声吓得百灵鸟闭上了嘴。在草地上玩的小朋友们也捂住了耳朵。

小乌鸦伤心地飞回了家，问妈妈："妈妈，我唱歌很难听吗？"

妈妈说："谁说的？我的小宝贝唱歌最好听呢！"

但是小乌鸦还是没有自信。它飞到森林里，躲在一棵大树上，小声地唱着歌。大树下面一只黑熊正在休息。它听到了乌鸦的歌声，开心地说："是谁在唱歌？唱得真好听呀！再唱一首吧！"

小乌鸦听到这话高兴极了，它开始大声地唱着歌。心想妈妈说的对：在这个世界上，一定会有人喜欢你的！

Chinese Characters + Pinyin

xiǎo wū yā jīn tiān gè yuè dà le tā zhù zài xué
小乌鸦今天6个月大了，它住在学

xiào páng biān de yì kē dà shù shàng zhè tiān
校旁边的一棵大树上。这天

xià wǔ tā zài jiào shì wài miàn de chuāng tái xiū
下午，它在教室外面的窗台休

xi tīng dào lǎo shī zài jiào shì lǐ wèn xué shēng
息。听到老师在教室里问学生

men tóng xué men nǐ men dōu yǒu shén me
们："同学们！你们都有什么

xìng qù ài hào ya
兴趣爱好呀？"

yǒu de tóng xué shuō tā xǐ huan shuì jiào yǒu de
有的同学说他喜欢睡觉，有的

tóng xué shuō xǐ huan tī zú qiú hái yǒu de shuō
同学说喜欢踢足球，还有的说

xǐ huan yóu yǒng xǐ huan kàn diàn shì
喜欢游泳，喜欢看电视。

xiǎo wū yā yě xiǎng huí dá zhè ge wèn tí tā xǐ
小乌鸦也想回答这个问题，它喜

huan chàng gē ya zhè me xiǎng zhe tā jiù zài
欢唱歌呀！这么想着，它就在

chuāng tái shàng chàng qǐ le gē gāng chàng le
窗台上唱起了歌。刚唱了1

fēn zhōng jiào shì lǐ de xiǎo nán hái dǎ kāi le
分钟，教室里的小男孩打开了

chuāng zi zǒu kāi nǐ jiào de tài nán tīng le
窗子：“走开！你叫得太难听了！”

xiǎo wū yā xià de fēi huí le shù lín zhàn zài shù
小乌鸦吓得飞回了树林，站在树

zhī shàng jì xù chàng gē chǎo xǐng le zhèng zài
枝上继续唱歌。吵醒了正在

shuì jiào de māo tóu yīng māo tóu yīng shēng qì
睡觉的猫头鹰。猫头鹰生气

de dèng yuán le yǎn jing bié jiào le tài nán
地瞪圆了眼睛：“别叫了！太难

tīng le
听了！”

xiǎo wū yā fēi dào le gōng yuán lǐ cǎo dì shàng
小乌鸦飞到了公园里，草地上

yì zhī bǎi líng niǎo zài chàng gē rén men dōu
一只百灵鸟在唱歌。人们都

shuō tā chàng de zhēn hǎo tīng ya xiǎo wū yā
说，它唱得真好听呀！小乌鸦

yě kāi shǐ zài páng biān chàng gē guā guā de jiào
也开始在旁边唱歌。呱呱的叫

shēng xià de bǎi líng niǎo bì shàng le zuǐ zài cǎo
声吓得百灵鸟闭上了嘴。在草

dì shàng wán de xiǎo péng you men yě wǔ zhù le
地上玩的小朋友们也捂住了

ěr duo
耳朵。

xiǎo wū yā shāng xīn de fēi huí le jiā wèn mā
小乌鸦伤心地飞回了家，问妈

ma mā ma wǒ chàng gē hěn nán tīng ma
妈："妈妈，我唱歌很难听吗？"

mā ma shuō shuí shuō de wǒ de xiǎo bǎo bèi
妈妈说："谁说的？我的小宝贝

chàng gē zuì hǎo tīng ne
唱歌最好听呢！"

dàn shì xiǎo wū yā hái shì méi yǒu zì xìn tā fēi
但是小乌鸦还是没有自信。它飞

dào sēn lín lǐ duǒ zài yì kē dà shù shàng xiǎo
到森林里，躲在一棵大树上，小

shēng de chàng zhe gē dà shù xià miàn yì zhī hēi
声地唱着歌。大树下面一只黑

xióng zhèng zài xiū xi tā tīng dào le wū yā de gē
熊正在休息。它听到了乌鸦的歌

shēng kāi xīn de shuō shì shuí zài chàng gē
声，开心地说：“是谁在唱歌？

chàng de zhēn hǎo tīng ya zài chàng yì shǒu ba
唱得真好听呀！再唱一首吧！”

xiǎo wū yā tīng dào zhè huà gāo xìng jí le tā kāi
小乌鸦听到这话高兴极了，它开

shǐ dà shēng de chàng zhe gē xīn xiǎng mā ma
始大声地唱着歌。心想妈妈

shuō de duì zài zhè ge shì jiè shàng yí dìng huì
说的对：在这个世界上，一定会

yǒu rén xǐ huan nǐ de
有人喜欢你的！

Chinese Characters + Translation

小乌鸦今天 6 个月大了，它住在学校旁边的一棵大树上。 这天下午，它在教室外面的窗台休息。听到老师在教室里问学生们：“同学们！你们都有什么兴趣爱好呀？”

Little Crow is six months old today. It lives on a big tree next to the school. This afternoon, it is resting on the windowsill outside a classroom. It hears the teacher in the classroom asking the students: “Class! What are your interests and hobbies?”

有的同学说他喜欢睡觉，有的同学说喜欢踢足球，还有的说喜欢游泳，喜欢看电视。

A student says he likes to sleep. Another student says he likes to play soccer. Others say they like to swim, and watch TV.

小乌鸦也想回答这个问题，它喜欢唱歌呀！这么想着，它就在窗台上唱起了歌。刚唱了 1 分钟，教室里的小男孩打开了窗子：“走开！你叫得太难听了！”

Little Crow also wants to answer this question. It likes to sing! As it thinks about it, it starts to sing on the windowsill. After singing for just a minute, a boy in the classroom opens the window: “Go away! You sound awful!”

小乌鸦吓得飞回了树林，站在树枝上继续唱歌。吵醒了正在睡觉的猫头鹰。猫头鹰生气地瞪圆了眼睛："别叫了！太难听了！"

Little Crow is scared and flies back to the forest. It lands on a branch and continues to sing. It wakes up the owl that has been sleeping. The owl angrily stares with round eyes: "Stop singing! It is awful!"

小乌鸦飞到了公园里，草地上一只百灵鸟在唱歌。人们都说，它唱得真好听呀！小乌鸦也开始在旁边唱歌。呱呱的叫声吓得百灵鸟闭上了嘴。在草地上玩的小朋友们也捂住了耳朵。

Little Crow flies to the park, on the grass, a lark is singing. People say it sings so well! Little Crow starts to sing next to it. The "caw caw" sound from the crow scares the lark and it shuts its beak. The children playing on the grass also cover their ears.

小乌鸦伤心地飞回了家，问妈妈："妈妈，我唱歌很难听吗？"

Little Crow flies home sadly, and asks its mother: "Mom, is my singing really awful?"

妈妈说："谁说的？我的小宝贝唱歌最好听呢！"

Mom says: "Who said that? My little baby sings the best!"

但是小乌鸦还是没有自信。它飞到森林里，躲在一棵大树上，小声地唱着歌。大树下面一只黑熊正在休息。它听到了乌鸦的歌声，开心地说："是谁在唱歌？唱得真好听呀！再唱一首吧！"

But Little Crow is still not confident. It flies to the forest, hides in a big tree, and sings in a quiet voice. Under the tree, a black bear is resting. It hears the crow's singing and happily says: "Who is singing? You sing so well! Please sing another song!"

小乌鸦听到这话高兴极了，它开始大声地唱着歌。心想妈妈说的对：在这个世界上，一定会有人喜欢你的！

Little Crow is thrilled to hear it. It starts to sing loudly. It thinks its mother is right: In this world, there will always be someone who likes you!

Vocabulary

棵 (kē) measure word for trees, plants, etc.

听到 (tīng dào) hear

刚 (gāng) just; only a short while ago

窗子 (chuāng zi) window

树林 (shù lín) forest

继续 (jì xù) continue; resume

伤心 (shāng xīn) sad

自信 (zì xìn) self-confidence

森林 (sēn lín) forest; jungle

开心 (kāi xīn) happy; joyful

吓 (xià) scare; frighten

圆 (yuán) round

宝贝 (bǎo bèi) baby; treasure

首 (shǒu) measure word for songs

躲 (duǒ) hide; take cover

乌鸦 (wū yā) crow

树枝 (shù zhī) branch

瞪 (dèng) to glare

窗台 (chuāng tái) windowsill

吵醒 (chǎo xǐng) to wake up by noise

猫头鹰 (māo tóu yīng) owl

百灵鸟 (bǎi líng niǎo) lark

呱呱 (guā guā) an onomatopoeia for the cry of a crow or a frog

叫声 (jiào shēng) cry, call

捂住 (wǔ zhù) to cover up

歌声 (gē shēng) singing voice

心想 (xīn xiǎng) to think in one's mind

Exercises & Solutions

1. 把下面的词汇翻译成英语。

Translate the following words to English.

学校

旁边

休息

爱好

回答

2. 把下面的词汇翻译成中文。

Translate the following words to Chinese.

sing

classroom

sleep

angry

park

3. 把打乱的词汇重新排列，组成一句话。

Rearrange the words to form a sentence.

回答，问题，也，想，小乌鸦

4. 把打乱的词汇重新排列，组成一句话。

Rearrange the words to form a sentence.

唱，好听，真，得，它，呀

5.下面的动物或者人物中，谁喜欢小乌鸦的歌声？

In the following animals or characters, which one likes the crow’s singing?

A.教室里的小男孩

B.猫头鹰

C.黑熊

D.百灵鸟

6.“小乌鸦听到这话高兴极了，它开始大声地唱着歌。”这句话里“高兴极了”还可以用其它的方法来表达，下面的选项里哪个不是“高兴极了”的近义表达？

The phrase “高兴极了” can be expressed with other expressions. Which of the following options is not a synonym of “高兴极了”?

A.非常高兴

B.很高兴

C.高兴坏了

D.难以高兴

Solutions

1.

学校 school

旁边 next to

休息 to rest

爱好 hobbies and interests

回答 to reply

2.

sing 唱歌

classroom 教室

sleep 睡觉

angry 生气

park 公园

3.小乌鸦也想回答问题。

4.它唱得真好听呀！

5. C

6. D

STORY 5. 你叫什么名字？

What's Your Name?

Chinese Characters Only

现在是课间休息时间，几个小学生在教室里凑到一起，正在说着什么。

一个小男孩说："真的！不骗你们！如果在学校门口，有老太太问你叫什么名字，千万不要告诉她！"

玲玲刚走过来，没有听到他们之前说了什么，就问道："为什么？什么老太太？"

小男孩见有人感兴趣，兴奋地又说了一遍："他们说，有个穿红色衣服的老太太，每天下午放学的时候，她会在学校门口等着，问路过的学生，你叫什么名字？如果你告诉她你的名字，她晚上就会到你的梦里抓你！"

玲玲有点害怕："怎么抓？"

小男孩回答："那就不知道了。是二班的李想跟我说的，他和同学李真放学一起回家，在学校门口碰到了那个老太太，老太太问李真叫什么名字，李真告诉了她，然后第二天李真就没来上学。肯定是被抓走了。”

这时，上课铃响了。同学们都回到了自己的座位。这节是数学课，但是门开了之后，走进来的不是他们的男数学老师，而是一个穿着红衣服的老太太。她告诉大家，男数学老师今天请假了，由她来给大家上课。

但是玲玲没有听老师讲课，她一直在想刚才小男孩说的话。老师指着玲玲，让她回答问题。但是玲玲根本没听见。数学老师走到她面前，敲了她的桌子，问：“喂！同学！你叫什么名字？”

玲玲这才回过神来，她看到眼前站着一个穿红衣服的老太太，还问她叫什么名字。玲玲吓得大叫一声：“啊!!!别抓我！”

从那以后，玲玲有了一个外号，叫做胆小鬼玲玲。

Chinese Characters + Pinyin

xiàn zài shì kè jiān xiū xi shí jiān jǐ gè xiǎo xué
现在是课间休息时间，几个小学

shēng zài jiào shì lǐ còu dào yì qǐ zhèng zài shuō
生在教室里凑到一起，正在说

zhe shén me
着什么。

yí gè xiǎo nán hái shuō zhēn de bú piàn nǐ
一个小男孩说："真的！不骗你

men rú guǒ zài xué xiào mén kǒu yǒu lǎo tài tai
们！如果在学校门口，有老太太

wèn nǐ jiào shén me míng zì qiān wàn bú yào gào
问你叫什么名字，千万不要告

sù tā
诉她！"

líng líng gāng zǒu guò lái méi yǒu tīng dào tā men
玲玲刚走过来，没有听到他们

zhī qián shuō le shén me jiù wèn dào wèi
之前说了什么，就问道："为

shén me shén me lǎo tài tai
什么？什么老太太？"

xiǎo nán hái jiàn yǒu rén gǎn xìng qù xīng fèn de

小男孩见有人感兴趣，兴奋地

yòu shuō le yí biàn tā men shuō yǒu ge

又说了一遍：“他们说，有个

chuān hóng sè yī fu de lǎo tài tai měi tiān xià wǔ

穿红色衣服的老太太，每天下午

fàng xué de shí hou tā huì zài xué xiào mén kǒu

放学的时候，她会在学校门口

děng zhe wèn lù guò de xué shēng nǐ jiào shén

等着，问路过的学生，你叫什

me míng zì rú guǒ nǐ gào sù tā nǐ de míng zì

么名字？如果你告诉她你的名字，

tā wǎn shang jiù huì dào nǐ de mèng lǐ zhuā nǐ

她晚上就会到你的梦里抓你！”

líng líng yǒu diǎn hài pà zěn me zhuā

玲玲有点害怕：“怎么抓？”

xiǎo nán hái huí dá nà jiù bù zhī dào le shì

小男孩回答：“那就不知道了。是

èr bān de lǐ xiǎng gēn wǒ shuō de tā hé tóng

二班的李想跟我说的，他和同

xué lǐ zhēn fàng xué yì qǐ huí jiā zài xué xiào

学李真放学一起回家，在学校

mén kǒu pèng dào le nà ge lǎo tài tai lǎo tài tai

门口碰到了那个老太太，老太太

wèn lǐ zhēn jiào shén me míng zì lǐ zhēn gào sù
问李真叫什么名字，李真告诉

le tā rán hòu dì èr tiān lǐ zhēn jiù méi lái
了她，然后第二天李真就没来

shàng xué kěn dìng shì bèi zhuā zǒu le
上学。肯定是被抓走了。”

zhè shí shàng kè líng xiǎng le tóng xué men dōu
这时，上课铃响了。同学们都

huí dào le zì jǐ de zuò wèi zhè jié shì shù xué
回到了自己的座位。这节是数学

kè dàn shì mén kāi le zhī hòu zǒu jìn lái de bú
课，但是门开了之后，走进来的不

shì tā men de nán shù xué lǎo shī ér shì yí gè
是他们的男数学老师，而是一个

chuān zhe hóng yī fu de lǎo tài tai tā gào sù dà
穿着红衣服的老太太。她告诉大

jiā nán shù xué lǎo shī jīn tiān qǐng jià le yóu
家，男数学老师今天请假了，由

tā lái gěi dà jiā shàng kè
她来给大家上课。

dàn shì líng líng méi yǒu tīng lǎo shī jiǎng kè tā
但是玲玲没有听老师讲课，她

yì zhí zài xiǎng gāng cái xiǎo nán hái shuō de huà
一直在想刚才小男孩说的话。

lǎo shī zhǐ zhe líng líng ràng tā huí dá wèn tí
老师指着玲玲，让她回答问题。

dàn shì líng líng gēn běn méi tīng jiàn shù xué lǎo
但是玲玲根本没听见。数学老

shī zǒu dào tā miàn qián qiāo le tā de zhuō zi
师走到她面前，敲了她的桌子，

wèn wèi tóng xué nǐ jiào shén me míng
问："喂！同学！你叫什么名

zì
字？"

líng líng zhè cái huí guò shén lái tā kàn dào yǎn
玲玲这才回过神来，她看到眼

qián zhàn zhe yí gè chuān hóng yī fu de lǎo tài
前站着一个穿红衣服的老太

tai hái wèn tā jiào shén me míng zì líng líng xià
太，还问她叫什么名字。玲玲吓

de dà jiào yì shēng ā bié zhuā wǒ
得大叫一声："啊!!!别抓我！"

cóng nà yǐ hòu líng líng yǒu le yí gè wài hào
从那以后，玲玲有了一个外号，

jiào zuò dǎn xiǎo guǐ líng líng
叫做胆小鬼玲玲。

Chinese Characters + Translation

现在是课间休息时间，几个小学生在教室里凑到一起，正在说着什么。	It is currently the break time between classes, several elementary school students gather together in the classroom, talking about something.
一个小男孩说：“真的！不骗你们！如果在学校门口，有老太太问你叫什么名字，千万不要告诉她！”	A little boy says: “Seriously! I’m not lying to you guys! If (you are) at the school entrance, when an old lady asks you for your name, do not ever tell her (your name)!”
玲玲刚走过来，没有听到他们之前说了什么，就问道：“为什么？什么老太太？”	Lingling has just walked over, she didn’t hear what they said before, so she asks, “Why? What old lady?”
小男孩见有人感兴趣，兴奋地又说了一遍：“他们说，有个穿红色衣服的老太太，每天下午放学的时候，她会在学校门口等着，问路过的学生，你叫什么	The little boy sees that someone is interested, and excitedly repeats, “They say there’s an old lady wearing a red dress. Every afternoon after school, she waits at the school gate and asks passing students for their names. If you tell her your

名字？如果你告诉她你的名字，她晚上就会到你的梦里抓你！”

name, she will come into your dreams at night and catch you!”

玲玲有点害怕：“怎么抓？”

Lingling is a little scared and asks, “How does she catch you?”

小男孩回答：“那就不知道了。是二班的李想跟我说的， 他和同学李真放学一起回家，在学校门口碰到了那个老太太，老太太问李真叫什么名字，李真告诉了她，然后第二天李真就没来上学。肯定是被抓走了。”

The little boy replies, “I don’t know about that. Li Xiang from Class 2 told me about it. He and his classmate Li Zhen were going home together after school. Then they encountered that old lady at the school entrance. The old lady asked Li Zhen for her name, and Li Zhen told her. Then the next day, Li Zhen didn’t come to school. She must have been captured.”

这时，上课铃响了。同学们都回到了自己的座位。这节是数学课，但是门开了之后，走进来的不是他们的男数学老师，而是一个穿着红衣服的老太太。她

At that moment, the bell for the class rings. The students return to their seats. It is a math class, but when the door opens, the person who walks in isn’t their male math teacher. Instead, it is an old lady wearing a red dress. She tells everyone that the male

告诉大家，男数学老师今天请假了，由她来给大家上课。

math teacher is taking the day off, and so she will be teaching the class.

但是玲玲没有听老师讲课，她一直在想刚才小男孩说的话。老师指着玲玲，让她回答问题。但是玲玲根本没听见。数学老师走到她面前，敲了她的桌子，问："喂！同学！你叫什么名字？"

However, Lingling is not paying attention to the teacher's lecture. She keeps thinking about what the little boy has said. The teacher points at Lingling and asks her to answer a question. But Lingling didn't hear it. The math teacher walks up to her, knocks on her desk, and asks, "Hey! Student! What's your name?"

玲玲这才回过神来，她看到眼前站着一个穿红衣服的老太太，还问她叫什么名字。玲玲吓得大叫一声："啊！！！别抓我！"

Only then does Lingling snap out of her thoughts. She sees an old lady standing in front of her, wearing a red dress, and even asks for her name. Terrified, Lingling screams, "Ah!!! Don't capture me!"

从那以后，玲玲有了一个外号，叫做胆小鬼玲玲。

Since then, Lingling has earned a nickname — Cowardly Lingling.

Vocabulary

骗 (piàn) deceive, lie

千万 (qiān wàn) absolutely; by all means

兴奋 (xīng fèn) excited

梦 (mèng) dream

肯定 (kěn dìng) definitely; surely

座位 (zuò wèi) seat

节 (jié) measure word for classes

敲 (qiāo) knock; strike

响 (xiǎng) sound; to ring

抓 (zhuā) capture; catch

铃 (líng) bell

根本 (gēn běn) at all; fundamentally

吓 (xià) frighten; scare

胆小鬼 (dǎn xiǎo guǐ) coward

碰到 (pèng dào) come across; encounter

老太太 (lǎo tài tai) elderly lady; old woman

课间 (kè jiān) (time) between classes

凑到一起 (còu dào yì qǐ) gather together

回过神 (huí guò shén) come to one’s senses

外号 (wài hào) nickname

Exercises & Solutions

1. 把下面的词汇翻译成英语。

Translate the following words to English.

衣服

告诉

问题

数学

如果

2. 把打乱的词汇重新排列，组成一句话。

Rearrange the words to form a sentence.

要

告诉

千万

不

她

3.“但是门开了之后，走进来的不是他们的男数学老师，而是一个穿着红衣服的老太太。”根据故事，这个句子里的“红衣服的老太太”是谁？

According to the story, who is the “old lady wearing red clothes” in this sentence?

A.一个会在梦里抓小孩子的老太太。

An old lady who catches children in her dreams.

B.玲玲的奶奶。

Lingling's grandmother.

C.小男孩的奶奶。

The little boy's grandmother.

D.一位数学老师。

A math teacher.

4.数学老师走到她面前，敲了她的桌子，问："喂！同学！你叫什么名字？"

在下面的选项里，哪个不是数学老师敲她桌子，并且问她叫什么名字的原因？

Which of the following is NOT a reason why the math teacher taps her desk and asks her name?

A.这位数学老师第一次来到这个班，不知道同学们叫什么名字。

The math teacher came to this class for the first time and didn't know the students' names.

B.玲玲没有听到老师的提问，所以老师过来提醒她。

Lingling didn't hear the teacher's question, so the teacher came to remind her.

C.数学老师要到梦里去抓她。

The math teacher is going to catch her in her dream.

D.数学老师想要让玲玲认真听课。

The math teacher wanted Lingling to pay attention in class.

5.下面的词汇里哪一个不应该出现在这里？

Odd one out. Which of the following words should not be included here?

A.听

B.问

C.说

D.叫

Solutions

1.

衣服 clothes

告诉 to tell

问题 question

数学 math

如果 if

2.千万不要告诉她。

3.D

4.C

5.A

STORY 6. 他真讨厌

He Is So Annoying!

Chinese Characters Only

今天是 9 月 1 号,新学期的第一天,我开始上三年级了。

早上爸爸送我去上学，我在学校前面看到了一个我非常不喜欢的同学——赵城。

赵城是我们班里最高的男孩，他喜欢运动，会打篮球，踢足球。他的学习成绩也很好，老师和同学们都非常喜欢他。他家里很有钱，因为他总是穿新衣服，有漂亮的手表，还有很好玩的玩具。

今天早上我在学校前面看见赵城时，他正和他妈妈在一起。他在前面走，他妈妈在后面跟着他，还帮他拿着他的书包，篮球，午饭和运动鞋。赵城手里什么都没拿。哼！他那么高，身体也很好，为什么不自己拿自己的东西？看到这一幕后，我更讨厌他了！

为什么这么多人喜欢他？他什么都有，却不好好珍惜！我要是有妈妈的话，一定不会让妈妈这么辛苦的。赵城真讨厌！

Chinese Characters + Pinyin

jīn tiān shì jiǔ yuè yī hào xīn xué qī de dì yī
今天是9月1号，新学期的第一

tiān wǒ kāi shǐ shàng sān nián jí le
天，我开始上三年级了。

zǎo shang bà ba sòng wǒ qù shàng xué wǒ zài xué
早上爸爸送我去上学，我在学

xiào qián miàn kàn dào le yí gè wǒ fēi cháng bù xǐ
校前面看到了一个我非常不喜

huan de tóng xué zhào chéng
欢的同学——赵城。

zhào chéng shì wǒ men bān lǐ zuì gāo de nán hái
赵城是我们班里最高的男孩，

tā xǐ huan yùn dòng huì dǎ lán qiú tī zú qiú
他喜欢运动，会打篮球，踢足球。

tā de xué xí chéng jì yě hěn hǎo lǎo shī hé tóng
他的学习成绩也很好，老师和同

xué men dōu fēi cháng xǐ huan tā tā jiā lǐ hěn
学们都非常喜欢他。他家里很

yǒu qián yīn wèi tā zǒng shì chuān xīn yī fu
有钱，因为他总是穿新衣服，

yǒu piào liang de shǒu biǎo hái yǒu hěn hǎo wán
有漂亮的手表，还有很好玩

de wán jù
的玩具。

jīn tiān zǎo shang wǒ zài xué xiào qián miàn kàn jiàn
今天早上我在学校前面看见

zhào chéng shí tā zhèng hé tā mā ma zài yì qǐ
赵城时，他正和他妈妈在一起。

tā zài qián miàn zǒu tā mā ma zài hòu miàn gēn
他在前面走，他妈妈在后面跟

zhe tā hái bāng tā ná zhe tā de shū bāo lán
着他，还帮他拿着他的书包，篮

qiú wǔ fàn hé yùn dòng xié zhào chéng shǒu lǐ
球，午饭和运动鞋。赵城手里

shén me dōu méi ná hng tā nà me gāo shēn
什么都没拿。哼！他那么高，身

tǐ yě hěn hǎo wèi shén me bú zì jǐ ná zì jǐ de
体也很好，为什么不自己拿自己的

dōng xi kàn dào zhè yí mù hòu wǒ gèng tǎo
东西？看到这一幕后，我更讨

yàn tā le
厌他了！

wèi shén me zhè me duō rén xǐ huan tā tā shén
为什么这么多人喜欢他？他什

me dōu yǒu què bù hǎo hǎo zhēn xī wǒ yào shi
么都有，却不好好珍惜！我要是

yǒu mā ma de huà yí dìng bú huì ràng mā ma zhè
有妈妈的话，一定不会让妈妈这

me xīn kǔ de zhào chéng zhēn tǎo yàn
么辛苦的。赵城真讨厌！

Chinese Characters + Translation

今天是 9 月 1 号，新学期的第一天，我开始上三年级了。	Today is September 1, the first day of a new semester. I have just started third grade.
早上爸爸送我去上学，我在学校前面看到了一个我非常不喜欢的同学——赵城。	In the morning, Dad takes me to school. In front of the school, I see a classmate I dislike very much—Zhao Cheng.
赵城是我们班里最高的男孩，他喜欢运动，会打篮球，踢足球。他的学习成绩也很好，老师和同学们都非常喜欢他。他家里很有钱，因为他总是穿新衣服，有漂亮的手表，还有很好玩的玩具。	Zhao Cheng is the tallest boy in our class. He likes sports and can play basketball and soccer. His grades are good, too. Teachers and classmates all like him a lot. His family is rich because he is always wearing new clothes. He has pretty watches and a lot of fun toys.
今天早上我在学校前面看见赵城时，他正和他妈妈在一起。他在前面走，他妈	This morning when I see Zhao Cheng in front of the school, he is with his mom. He is walking in the front, while his mom is following behind him. His

妈在后面跟着他，还帮他拿着他的书包，篮球，午饭和运动鞋。赵城手里什么都没拿。哼！他那么高，身体也很好，为什么不自己拿自己的东西？看到这一幕后，我更讨厌他了！

mom is carrying his backpack, basketball, lunch, and sports shoes. Zhao Cheng isn't holding anything in his hands. Humph! He is so tall and strong. Why isn't he carrying his own things? After seeing this scene, I dislike him even more!

为什么这么多人喜欢他？他什么都有，却不好好珍惜！我要是有妈妈的话，一定不会让妈妈这么辛苦的。赵城真讨厌！

Why do so many people like him? He has everything, yet he doesn't treasure them! If I had a mom, I wouldn't let her suffer like this. Zhao Cheng is so annoying!

Vocabulary

年级 (nián jí) grade; year (in school)

成绩 (chéng jì) grade (in school)

总是 (zǒng shì) always

拿 (ná) to carry; to hold

自己 (zì jǐ) oneself; self

更 (gèng) more

一定 (yí dìng) sure; definitely

学期 (xué qī) semester; school term

讨厌 (tǎo yàn) to hate; annoying

却 (què) but; yet; however

辛苦 (xīn kǔ) hard; exhausting

玩具 (wán jù) toy

正 (zhèng) currently

珍惜 (zhēn xī) to treasure; cherish

哼 (hng) hmph (depending on the context, 哼 is a sound made to express dissatisfaction, disdain, or determination)

幕 (mù) scene

Exercises & Solutions

1. 把打乱的词汇重新排列，组成一句话。

Rearrange the words to form a sentence.

这么

多

人

为什么

他

喜欢

2. 把下面的词汇翻译成英语。

Translate the following words to English.

他

妈妈

三

穿

高

3. 下面的词汇里哪一个不应该出现在这里？

Odd one out. Find the word that doesn't belong to this group.

篮球

足球

运动鞋

午饭

4. 把下面的词汇翻译成中文。

Translate the following words to Chinese.

to like

to have

school

why

new

5. 把打乱的词汇重新排列，组成一句话。

Rearrange the words to form a sentence.

男孩

是

里

最

高

的

赵城

我们

班

Solutions

1. 为什么这么多人喜欢他？

2.

他 (tā) he; him

妈妈 (mā ma) mom

三 (sān) three

穿 (chuān) to wear

高 (gāo) tall

3. 午饭

4.

喜欢 (xǐ huan) to like

有 (yǒu) to have

学校 (xué xiào) school

为什么 (wèi shén me) why

新 (xīn) new

5. 赵城是我们班里最高的男孩

STORY 7. 她向我走来

She Walked Toward Me

Chinese Characters Only

我第一次看见她是在星期一的早上。她在公园里跑步，穿着一件白色的衣服和一条白色的裤子，像是夏天里的一只白色蝴蝶。天空突然开始下雨，她跑到我旁边躲雨，我看着她漂亮的眼睛，觉得非常快乐。

星期二的早上，她又来到公园跑步。我多么希望再下一场雨，她能再次来到我身边。但是星期二的天气很好，晴朗的天空上一片云都没有。我有些难过，但是没想到，她在做完运动后向我走来，坐在我旁边休息。

我以为星期三的早上我也会在公园看见她，但她没有出现。星期四，星期五，我都没有看见她。一开始我想，她可能工作太忙了，后来我又有些担心，也许她生病了，或者她不来这个公园跑步了。

星期六的下午，她和朋友一起到公园散步。我非常高兴可以再一次见到她，而且那天她第一次开口对我说话，她说："天气好热呀！"说完，她和朋友就站在我旁边乘凉。我心想，天气热也好，下雨也好，只要她来到我身边，对我来说就是好天气。

你一定会想，既然我喜欢她，为什么不跟她说话？为什么不问她要电话号码呢？因为，我是一棵树呀！我能为她做的只有为她挡雨，为她遮阳。能做到这些我就已经很满足了。一棵树表达爱情的方式，不是占有，而是奉献。我喜欢站在这里，看着她向我走来。

Chinese Characters + Pinyin

wǒ dì yī cì kàn jiàn tā shì zài xīng qī yī de zǎo
我第一次看见她是在星期一的早

shang tā zài gōng yuán lǐ pǎo bù chuān zhe yí
上。她在公园里跑步，穿着一

jiàn bái sè de yī fu hé yī tiáo bái sè de kù zi
件白色的衣服和一条白色的裤子，

xiàng shì xià tiān lǐ de yì zhī bái sè hú dié tiān
像是夏天里的一只白色蝴蝶。天

kōng tū rán kāi shǐ xià yǔ tā pǎo dào wǒ páng
空突然开始下雨，她跑到我旁

biān duǒ yǔ wǒ kàn zhe tā piào liang de yǎn jing
边躲雨，我看着她漂亮的眼睛，

jué de fēi cháng kuài lè
觉得非常快乐。

xīng qī èr de zǎo shang tā yòu lái dào gōng yuán
星期二的早上，她又来到公园

pǎo bù wǒ duō me xī wàng zài xià yì cháng yǔ
跑步。我多么希望再下一场雨，

tā néng zài cì lái dào wǒ shēn biān dàn shì xīng
她能再次来到我身边。但是星

qī èr de tiān qì hěn hǎo qíng lǎng de tiān kōng
期二的天气很好，晴朗的天空

shàng yí piàn yún dōu méi yǒu wǒ yǒu xiē nán
上一片云都没有。我有些难

guò dàn shì méi xiǎng dào tā zài zuò wán yùn
过，但是没想到，她在做完运

dòng hòu xiàng wǒ zǒu lái zuò zài wǒ páng biān
动后向我走来，坐在我旁边

xiū xi
休息。

wǒ yǐ wéi xīng qī sān de zǎo shang wǒ yě huì zài
我以为星期三的早上我也会在

gōng yuán kàn jiàn tā dàn tā méi yǒu chū xiàn
公园看见她，但她没有出现。

xīng qī sì xīng qī wǔ wǒ dōu méi yǒu kàn jiàn
星期四，星期五，我都没有看见

tā yì kāi shǐ wǒ xiǎng tā kě néng gōng zuò tài
她。一开始我想，她可能工作太

máng le hòu lái wǒ yòu yǒu xiē dān xīn yě xǔ
忙了，后来我又有些担心，也许

tā shēng bìng le huò zhě tā bù lái zhè ge gōng
她生病了，或者她不来这个公

yuán pǎo bù le
园跑步了。

xīng qī liù de xià wǔ tā hé péng you yì qǐ dào
星期六的下午，她和朋友一起到

gōng yuán sàn bù wǒ fēi cháng gāo xìng kě yǐ zài
公园散步。我非常高兴可以再

yí cì jiàn dào tā ér qiě nà tiān tā dì yī cì kāi
一次见到她，而且那天她第一次开

kǒu duì wǒ shuō huà tā shuō tiān qì hǎo rè
口对我说话，她说：“天气好热

ya shuō wán tā hé péng you jiù zhàn zài wǒ
呀！”说完，她和朋友就站在我

páng biān chéng liáng wǒ xīn xiǎng tiān qì rè yě
旁边乘凉。我心想，天气热也

hǎo xià yǔ yě hǎo zhǐ yào tā lái dào wǒ shēn
好，下雨也好，只要她来到我身

biān duì wǒ lái shuō jiù shì hǎo tiān qì
边，对我来说就是好天气。

nǐ yí dìng huì xiǎng jì rán wǒ xǐ huan tā wèi
你一定会想，既然我喜欢她，为

shén me bù gēn tā shuō huà wèi shén me bú wèn
什么不跟她说话？为什么不问

tā yào diàn huà hào mǎ ne yīn wèi wǒ shì yì
她要电话号码呢？因为，我是一

kē shù ya wǒ néng wèi tā zuò de zhǐ yǒu wèi tā
棵树呀！我能为她做的只有为她

dǎng yǔ wèi tā zhē yáng néng zuò dào zhè xiē
挡雨，为她遮阳。能做到这些

wǒ jiù yǐ jīng hěn mǎn zú le yì kē shù biǎo dá
我就已经很满足了。一棵树表达

ài qíng de fāng shì bú shì zhàn yǒu ér shì fèng
爱情的方式，不是占有，而是奉

xiàn wǒ xǐ huan zhàn zài zhè lǐ kàn zhe tā
献。我喜欢站在这里，看着她

xiàng wǒ zǒu lái
向我走来。

Chinese Characters + Translation

我第一次看见她是在星期一的早上。她在公园里跑步，穿着一件白色的衣服和一条白色的裤子，像是夏天里的一只白色蝴蝶。天空突然开始下雨，她跑到我旁边躲雨，我看着她漂亮的眼睛，觉得非常快乐。

The first time I saw her was Monday morning. She was running in the park, wearing a white shirt and a pair of white pants, like a white butterfly in the summer. Suddenly, it started to rain. She ran next to me to take shelter from the rain. Looking at her beautiful eyes, I felt really happy.

星期二的早上，她又来到公园跑步。我多么希望再下一场雨，她能再次来到我身边。但是星期二的天气很好，晴朗的天空上一片云都没有。我有些难过，但是没想到，她在做完运动后向我走来，坐在我旁边休息。

On Tuesday morning, she came to the park to run again. How I wished for another rain, so she could be by my side once again. But the weather on Tuesday was good, the sky was clear with no clouds in sight. I felt a bit sad. But surprisingly, after she finished exercising, she walked toward me, and sat next to me to rest.

我以为星期三的早上我也会在公园看见她，但她没有出现。星期四，星期五，我都没有看见她。一开始我想，她可能工作太忙了，后来我又有些担心，也许她生病了，或者她不来这个公园跑步了。

I thought on Wednesday morning I would see her in the park, but she didn't show up. Thursday, Friday, I didn't see her either. At first, I thought maybe she was too busy with work. Later, I started to worry that she might be sick or had stopped coming to this park to run.

星期六的下午，她和朋友一起到公园散步。我非常高兴可以再一次见到她，而且那天她第一次开口对我说话，她说："天气好热呀！"说完，她和朋友就站在我旁边乘凉。我心想，天气热也好，下雨也好，只要她来到我身边，对我来说就是好天气。

On Saturday afternoon, she came to the park for a walk with her friend. I was so delighted that I could see her again. That day, she even spoke to me for the first time! She said, "It's so hot today!" After saying that, she and her friend stood next to me to enjoy the shade. I thought to myself, whether it is hot weather or a rainy day, as long as she is by my side, it is good weather for me.

你一定会想，既然我喜欢她，为什么不跟她说话？

You might be wondering since I like her, why don't I talk to her? Why don't I ask for her

为什么不问她要电话号码呢？因为，我是一棵树呀！我能为她做的只有为她挡雨，为她遮阳。能做到这些我就已经很满足了。一棵树表达爱情的方式，不是占有，而是奉献。我喜欢站在这里，看着她向我走来。

phone number? Well, that is because I am a tree! The only thing I can do for her is to shield her from the rain and provide shade. To be able to do these things already brings me great satisfaction. For a tree, expressing love is not about possession but about devotion. I enjoy standing here, watching her walk toward me.

Vocabulary

身边 (shēn biān) by one's side; around

云 (yún) cloud

以为 (yǐ wéi) to think; to believe

出现 (chū xiàn) to appear; to emerge

也许 (yě xǔ) perhaps; maybe

散步 (sàn bù) to take a walk; to stroll

只要 (zhǐ yào) as long as; as soon as

号码 (hào mǎ) number

棵 (kē) measure word for trees, plants

爱情 (ài qíng) love

而是 (ér shì) but rather; instead

既然 (jì rán) since; now that

蝴蝶 (hú dié) butterfly

天空 (tiān kōng) sky

片 (piàn) measure word for clouds

挡 (dǎng) to block; to obstruct

满足 (mǎn zú) to satisfy; to meet (needs)

表达 (biǎo dá) to express; to convey

方式 (fāng shì) way; manner

晴朗 (qíng lǎng) sunny; clear (sky)

奉献 (fèng xiàn) to dedicate; to devote

躲雨 (duǒ yǔ) to take shelter from the rain

开口 (kāi kǒu) to open one’s mouth; to speak

乘凉 (chéng liáng) to enjoy the coolness

遮阳 (zhē yáng) to provide shade

占有 (zhàn yǒu) to occupy; to possess

Exercises & Solutions

1. 把下面的词汇翻译成中文。

Translate the following words to Chinese.

hot

run

rest

park

pants

2. 把打乱的词汇重新排列，组成一句话。

Rearrange the words to form a sentence.

来，跑步，到，又，她，公园

3.请在故事中找到下面这些词的近义词。

Find synonyms for the following words in the story.

快乐

可能

旁边

4.“我心想，天气热也好，下雨也好，只要她来到我身边，对我来说就是好天气。” 这个句子里的“天气热也好，下雨也好”想表达什么意思？

What does “天气热也好，下雨也好” mean in this sentence?

A.天气热或者下雨都不重要。

It doesn’t matter whether it is hot or rainy.

B.我喜欢热的天气，也喜欢下雨的天气。

I like hot weather, and I also like rainy weather.

C.天气热或者下雨都是好天气。

Both hot weather and rainy weather are good weather.

D.天气热了之后就会下雨。

After it gets hot, it will rain.

5.判断对错。正确的写“对”，错误的写“错”。

True or false. Write “对” for true statements. Write “错” for false statements.

A.她每天都去公园跑步。 She goes to the park to run every day.

B.我是一棵会讲话的树。 I am a tree that can speak.

C.我觉得她很美，像一只白色蝴蝶。

I think she is beautiful, like a white butterfly.

D.我不想占有她。 I don’t want to possess her.

E.她第一次向我走来是为了躲雨。

The first time she walked toward me was to seek shelter from the rain.

Solutions

1.

hot 热

run 跑步

rest 休息

park 公园

pants 裤子

2.她又来到公园跑步。

3.

快乐 —— 高兴

可能 —— 或许

旁边 —— 身边

4.A

5.

A.错（星期三，星期四，星期五都没去公园）

B.错（我不会讲话）

C.对

D.对

E.对

STORY 8. 我们今晚吃什么？

What Are We Having for Dinner Tonight?

Chinese Characters Only

现在是晚上六点，陈先生在客厅和自己下棋。已经过了 15 分钟了，他的棋子还是没动过。 陈太太在厨房里，她在想今天晚饭要做什么。她打开冰箱，看了不到一分钟，就问她老公：“今晚吃汉堡，怎么样？”

陈先生想了一下，然后说汉堡好吃是好吃，但是太油腻了。

陈太太回道：“那意大利面怎么样？”

陈先生摸了摸他的肚子：“煮意大利面的时间太长了，我很饿。”

陈太太有点急了，但是她知道什么菜可以很快做好，她高兴地说：“鸡肉炒饭吧！15 分钟就可以做好！”

陈先生一脸不开心：“又是炒饭啊？我们昨天刚吃的。”

陈太太有点生气了，但还是没有发火，她吸了一口气，问："那你到底想吃什么？"

陈先生想了一分钟，然后说："我不知道，你决定吧，你想吃什么？"

陈太太终于忍不住了，大声喊道："我不吃了！我已经被你气饱了！"

Chinese Characters + Pinyin

xiàn zài shì wǎn shang liù diǎn chén xiān sheng zài
现在是晚上六点，陈先生在

kè tīng hé zì jǐ xià qí yǐ jīng guò le fēn
客厅和自己下棋。已经过了15分

zhōng le tā de qí zǐ hái shì méi dòng guò
钟了，他的棋子还是没动过。

chén tài tai zài chú fáng lǐ tā zài xiǎng jīn tiān
陈太太在厨房里，她在想今天

wǎn fàn yào zuò shén me tā dǎ kāi bīng xiāng
晚饭要做什么。她打开冰箱，

kàn le bú dào yì fēn zhōng jiù wèn tā lǎo gōng
看了不到一分钟，就问她老公：

jīn wǎn chī hàn bǎo zěn me yàng
“今晚吃汉堡，怎么样？”

chén xiān sheng xiǎng le yí xià rán hòu shuō hàn
陈先生想了一下，然后说汉

bǎo hǎo chī shì hǎo chī dàn shì tài yóu nì le
堡好吃是好吃，但是太油腻了。

chén tài tai huí dào nà yì dà lì miàn zěn me
陈太太回道：“那意大利面怎么

yàng
样？”

chén xiān sheng mō le mō tā de dù zi zhǔ yì
陈先生摸了摸他的肚子："煮意
dà lì miàn de shí jiān tài cháng le wǒ hěn è
大利面的时间太长了，我很饿。"

chén tài tai yǒu diǎn jí le dàn shì tā zhī dào
陈太太有点急了，但是她知道
shén me cài kě yǐ hěn kuài zuò hǎo tā gāo xìng
什么菜可以很快做好，她高兴
de shuō jī ròu chǎo fàn ba fēn zhōng jiù
地说："鸡肉炒饭吧！15分钟就
kě yǐ zuò hǎo
可以做好！"

chén xiān sheng yì liǎn bù kāi xīn yòu shì chǎo
陈先生一脸不开心："又是炒
fàn a wǒ men zuó tiān gāng chī de
饭啊？我们昨天刚吃的。"

chén tài tai yǒu diǎn shēng qì le dàn hái shì méi
陈太太有点生气了，但还是没
yǒu fā huǒ tā xī le yì kǒu qì wèn nà nǐ
有发火，她吸了一口气，问："那你
dào dǐ xiǎng chī shén me
到底想吃什么？"

chén xiān sheng xiǎng le yì fēn zhōng rán hòu
陈先生想了一分钟，然后

shuō wǒ bù zhī dào nǐ jué dìng ba nǐ xiǎng
说：“我不知道，你决定吧，你想

chī shén me
吃什么？”

chén tài tai zhōng yú rěn bú zhù le dà shēng hǎn
陈太太终于忍不住了，大声喊

dào wǒ bù chī le wǒ yǐ jīng bèi nǐ qì bǎo
道：“我不吃了！我已经被你气饱

le
了！”

Chinese Characters + Translation

现在是晚上六点，陈先生在客厅和自己下棋。已经过了 15 分钟了，他的棋子还是没动过。 陈太太在厨房里，她在想今天晚饭要做什么。她打开冰箱，看了不到一分钟，就问她老公："今晚吃汉堡，怎么样？"

It's currently 6 PM, Mr. Chen is playing chess with himself in the living room. 15 minutes have already passed, but he hasn't made a move with his chess pieces. Mrs. Chen is in the kitchen, thinking about what to make for dinner tonight. She opens the fridge and looks for less than a minute, then asks her husband, "How about hamburgers for dinner tonight?"

陈先生想了一下，然后说汉堡好吃是好吃，但是太油腻了。

Mr. Chen thinks for a moment, then says, "Hamburgers are tasty, but they're too greasy."

陈太太回道："那意大利面怎么样？"

Mrs. Chen replies, "Then what about spaghetti?"

陈先生摸了摸他的肚子："煮意大利面的时间太长了，我很饿。"

Mr. Chen touches his belly and says, "Cooking spaghetti takes too long. I'm hungry."

陈太太有点急了，但是她知道什么菜可以很快做好，她高兴地说：“鸡肉炒饭吧！15 分钟就可以做好！”

Mrs. Chen starts to get a bit impatient, but she knows which dish can be quickly prepared. She happily suggests, “How about chicken fried rice? It only takes 15 minutes to make!”

陈先生一脸不开心：“又是炒饭啊？我们昨天刚吃的。”

Mr. Chen has a displeased expression on his face: “Fried rice again? We just had it yesterday.”

陈太太有点生气了，但还是没有发火，她吸了一口气，问：“那你到底想吃什么？”

Mrs. Chen starts to get a little angry, but she manages to hold her temper. She takes a deep breath and asks, “Then what exactly do you want to eat?”

陈先生想了一分钟，然后说：“我不知道，你决定吧，你想吃什么？”

Mr. Chen thinks for a minute and then says, “I don’t know, you decide. What do you feel like eating?”

陈太太终于忍不住了，大声喊道：“我不吃了！我已经被你气饱了！”

Mrs. Chen finally can’t hold it in any longer and shouts, “I’m not eating anymore! You’ve fed me enough frustration!”

Vocabulary

客厅 (kè tīng) living room

厨房 (chú fáng) kitchen

肚子 (dù zi) stomach

开心 (kāi xīn) happy

到底 (dào dǐ) after all; in the end; exactly

刚 (gāng) just (completed an action)

太太 (tài tai) wife; Mrs.

摸 (mō) to touch; to stroke

煮 (zhǔ) to cook

忍不住 (rěn bú zhù) can't keep it in; can't bear it

油腻 (yóu nì) greasy; oily

下棋 (xià qí) play chess

棋子 (qí zǐ) chess piece

老公 (lǎo gōng) husband

汉堡 (hàn bǎo) hamburger

意大利面 (yì dà lì miàn) spaghetti; pasta

炒饭 (chǎo fàn) fried rice

鸡肉 (jī ròu) chicken

Exercises & Solutions

1. 把下面的词汇翻译成英语。

Translate the following words to English.

先生　　已经　　冰箱　　决定　　生气

2. 请在故事中找到下面词汇的反义词。

Find the antonyms for the following words in the story.

不开心

饿

3. 把打乱的词汇重新排列，组成一句话。

Rearrange the words to form a sentence.

我，你，气，已经，饱了，被

4. 陈先生为什么不想吃炒饭？

Why doesn't Mr. Chen want to eat fried rice?

5. 请用故事里的表达描述一下陈太太的情绪变化过程。

Use expressions from the story to describe the process of Mrs. Chen's emotional change.

Solutions

1.

先生 sir; mister

已经 already

冰箱 fridge

决定 decide

生气 angry

2. 不开心——高兴；饿——饱

3. 我已经被你气饱了。

4. 因为昨天刚吃过。

5. 有点急了> 有点生气了，但还是没有发火> 终于忍不住了，大声喊道

STORY 9. 会走的椅子

The Walking Chair

Chinese Characters Only

今天早上出门时，我在家附近看见了一把椅子。这椅子看起来很新，但是长得很奇怪，一半是红色，一半是黑色。不知道是谁把它放在大树的旁边。

因为早上我起床晚了，所以我打了一辆出租车。出租车大概开出去 10 分钟时，我看到路边有一把椅子，和我家附近的那个椅子长得一样，一半是红色，一半是黑色。

又过了 20 分钟，出租车到了医院。我看还没到上班时间，就想去医院旁边的商店买咖啡。走到商店前面时，我发现那里有一把椅子，一半是红色，一半是黑色。椅子上面放着一杯咖啡，咖啡旁边有一张白纸。我好奇地拿起了那张纸，上面用红色的笔写着：我知道你做过的事情！

我吓了一跳，赶紧抬头看向周围，见没人注意到我，我把纸扔进垃圾桶，快速离开。

中午休息时，我和同事一起去医院后面的饭店吃饭。在饭店里我又看到了那把椅子，一半红色，一半黑色。我看到椅子上有一块手表，我拿起手表，发现它坏了，时间停在 8 点 20 分。

8 点 20 分！那是张爷爷死亡的时间。我把张爷爷吃的药和李爷爷吃的药搞混了。但是只有一次!真的只有一次。就一次，张爷爷怎么会死呢？不！不是我的错！

下班后，我坐出租车回家，一路上我心神不宁。终于到了家，正准备下车时，我看见我家门口有一把椅子！那把红黑色的椅子！我喊道："走开啊！讨厌的椅子！"

司机向周围看了看，说："哪有椅子？再说，椅子怎么会走呢？小姐，您真会开玩笑。"

什么？难道只有我能看见，那把会走的椅子？

Chinese Characters + Pinyin

jīn tiān zǎo shang chū mén shí wǒ zài jiā fù jìn
今天早上出门时，我在家附近

kàn jiàn le yì bǎ yǐ zi zhè yǐ zi kàn qǐ lái hěn
看见了一把椅子。这椅子看起来很

xīn dàn shì zhǎng de hěn qí guài yí bàn shì
新，但是长得很奇怪，一半是

hóng sè yí bàn shì hēi sè bù zhī dào shì shuí
红色，一半是黑色。不知道是谁

bǎ tā fàng zài dà shù de páng biān
把它放在大树的旁边。

yīn wèi zǎo shang wǒ qǐ chuáng wǎn le suǒ yǐ
因为早上我起床晚了，所以

wǒ dǎ le yí liàng chū zū chē chū zū chē dà gài kāi
我打了一辆出租车。出租车大概开

chū qù fēn zhōng shí wǒ kàn dào lù biān yǒu
出去10分钟时，我看到路边有

yì bǎ yǐ zi hé wǒ jiā fù jìn de nà ge yǐ zi
一把椅子，和我家附近的那个椅子

zhǎng de yí yàng yí bàn shì hóng sè yí bàn shì
长得一样，一半是红色，一半是

hēi sè
黑色。

yòu guò le fēn zhōng chū zū chē dào le yī
又过了20分钟，出租车到了医

yuàn wǒ kàn hái méi dào shàng bān shí jiān jiù
院。我看还没到上班时间，就

xiǎng qù yī yuàn páng biān de shāng diàn mǎi kā fēi
想去医院旁边的商店买咖啡。

zǒu dào shāng diàn qián miàn shí wǒ fā xiàn nà lǐ
走到商店前面时，我发现那里

yǒu yì bǎ yǐ zi yí bàn shì hóng sè yí bàn shì
有一把椅子，一半是红色，一半是

hēi sè yǐ zi shàng miàn fàng zhe yì bēi kā fēi kā
黑色。椅子上面放着一杯咖啡，咖

fēi páng biān yǒu yì zhāng bái zhǐ wǒ hào qí de
啡旁边有一张白纸。我好奇地

ná qǐ le nà zhāng zhǐ shàng miàn yòng hóng sè
拿起了那张纸，上面用红色

de bǐ xiě zhe wǒ zhī dào nǐ zuò guò de shì qing
的笔写着：我知道你做过的事情！

wǒ xià le yí tiào gǎn jǐn tái tóu kàn xiàng zhōu
我吓了一跳，赶紧抬头看向周

wéi jiàn méi rén zhù yì dào wǒ wǒ bǎ zhǐ rēng
围，见没人注意到我，我把纸扔

jìn lā jī tǒng kuài sù lí kāi
进垃圾桶，快速离开。

zhōng wǔ xiū xi shí wǒ hé tóng shì yì qǐ qù yī
中午休息时，我和同事一起去医

yuàn hòu miàn de fàn diàn chī fàn zài fàn diàn lǐ
院后面的饭店吃饭。在饭店里

wǒ yòu kàn dào le nà bǎ yǐ zi yí bàn hóng sè
我又看到了那把椅子，一半红色，

yí bàn hēi sè wǒ kàn dào yǐ zi shàng yǒu yí
一半黑色。我看到椅子上有一

kuài shǒu biǎo wǒ ná qǐ shǒu biǎo fā xiàn tā
块手表，我拿起手表，发现它

huài le shí jiān tíng zài diǎn fēn
坏了，时间停在8点20分。

diǎn fēn nà shì zhāng yé ye sǐ wáng de shí
8点20分！那是张爷爷死亡的时

jiān wǒ bǎ zhāng yé ye chī de yào hé lǐ yé ye
间。我把张爷爷吃的药和李爷爷

chī de yào gǎo hùn le dàn shì zhǐ yǒu yí cì
吃的药搞混了。但是只有一次！

zhēn de zhǐ yǒu yí cì jiù yí cì zhāng yé ye
真的只有一次。就一次，张爷爷

zěn me huì sǐ ne bù bú shì wǒ de cuò
怎么会死呢？不！不是我的错！

xià bān hòu wǒ zuò chū zū chē huí jiā yí lù
下班后，我坐出租车回家，一路

shàng wǒ xīn shén bù níng zhōng yú dào le jiā
上我心神不宁。终于到了家，

zhèng zhǔn bèi xià chē shí wǒ kàn jiàn wǒ jiā mén
正准备下车时，我看见我家门

kǒu yǒu yì bǎ yǐ zi nà bǎ hóng hēi sè de yǐ
口有一把椅子！那把红黑色的椅

zi wǒ hǎn dào zǒu kāi a tǎo yàn de yǐ
子！我喊道："走开啊！讨厌的椅

zi
子！"

sī jī xiàng zhōu wéi kàn le kàn shuō nǎ yǒu
司机向周围看了看，说："哪有

yǐ zi zài shuō yǐ zi zěn me huì zǒu ne
椅子？再说，椅子怎么会走呢？

xiǎo jiě nín zhēn huì kāi wán xiào
小姐，您真会开玩笑。"

shén me nán dào zhǐ yǒu wǒ néng kàn jiàn nà
什么？难道只有我能看见，那

bǎ huì zǒu de yǐ zi
把会走的椅子？

Chinese Characters + Translation

今天早上出门时，我在家附近看见了一把椅子。这椅子看起来很新，但是长得很奇怪，一半是红色，一半是黑色。不知道是谁把它放在大树的旁边。

This morning when I was heading out, I saw a chair near my home. The chair looked new but strange looking. It was half red and half black. No idea who put it next to a big tree.

因为早上我起床晚了，所以我打了一辆出租车。出租车大概开出去 10 分钟时，我看到路边有一把椅子，和我家附近的那个椅子长得一样，一半是红色，一半是黑色。

Because I woke up late this morning, so I called a taxi. After the taxi drove for about 10 minutes, I saw a chair on the side of the road, and it looked just like the chair near my home. Half red, half black.

又过了 20 分钟，出租车到了医院。我看还没到上班时间，就想去医院旁边的商店买咖啡。走到商店前面时，我发现那里有一把

After 20 minutes had passed, the taxi arrived at the hospital. I checked and noticed that it wasn't time to work yet, so I went to the store next to the hospital to buy coffee. When I got to the front of the store, I saw a chair there. Half red, half

椅子，一半是红色，一半是黑色。椅子上面放着一杯咖啡，咖啡旁边有一张白纸。我好奇地拿起了那张纸，上面用红色的笔写着：我知道你做过的事情！

black. On the chair, there was a cup of coffee. Next to the coffee, there was a piece of white paper. I picked up that piece of paper out of curiosity. On the paper were words written in red ink: I know what you did!

我吓了一跳，赶紧抬头看向周围，见没人注意到我，我把纸扔进垃圾桶，快速离开。

I was startled. I quickly raised my head and looked around. Seeing no one noticed me, I threw the paper into a trash can and quickly left.

中午休息时，我和同事一起去医院后面的饭店吃饭。在饭店里我又看到了那把椅子，一半红色，一半黑色。我看到椅子上有一块手表，我拿起手表，发现它坏了，时间停在 8 点 20 分。

During the lunch break at noon, my colleagues and I went to the restaurant behind the hospital to eat. In the restaurant, I saw that chair again. Half red, half black. I saw a watch on the chair. I picked up the watch and noticed that it was broken. The time was stopped at 8:20.

8 点 20 分！那是张爷爷死亡的时间。我把张爷爷吃

8:20! It was the time Mr. Zhang died. I mixed up the medicine

的药和李爷爷吃的药搞混了。但是只有一次！真的只有一次。就一次，张爷爷怎么会死呢？不！不是我的错！

for Mr. Zhang and Mr. Li. But it was only one time! Really only one time. Just once. That wasn't the cause of Mr. Zhang's death, right? No! It wasn't my fault!

下班后，我坐出租车回家，一路上我心神不宁。终于到了家，正准备下车时，我看见我家门口有一把椅子！那把红黑色的椅子！我喊道："走开啊！讨厌的椅子！"

After I got off work, I took a taxi home. I was feeling uneasy on the way back. Finally, I arrived home. When I was about to get off the taxi, I saw a chair in front of my home! That red and black chair! I yelled, "Go away! Annoying chair!"

司机向周围看了看，说："哪有椅子？再说，椅子怎么会走呢？小姐，您真会开玩笑。"

The taxi driver looked around and said, "What chair? Besides, how can a chair walk? Miss, you are funny."

什么？难道只有我能看见，那把会走的椅子？

What? Could it be that I was the only person who saw that walking chair?

Vocabulary

大概 (dà gài) approximately; roughly

周围 (zhōu wéi) surroundings

扔 (rēng) to throw

垃圾桶 (lā jī tǒng) trash can

停 (tíng) to stop

死 (sǐ) to die

讨厌 (tǎo yàn) to hate; to dislike

开玩笑 (kāi wán xiào) to joke; to make a joke

难道 (nán dào) could it be that; don't tell me

抬头 (tái tóu) to lift one's head

门口 (mén kǒu) entrance; doorway

走开 (zǒu kāi) to go away; to leave

再说 (zài shuō) moreover; furthermore

好奇 (hào qí) curious

吓 (xià) to scare; to frighten

赶紧 (gǎn jǐn) hastily; quickly

死亡 (sǐ wáng) to die; death

吓一跳 (xià yí tiào) to be startled; to be taken aback

看起来 (kàn qǐ lái) to seem; to appear

纸 (zhǐ) paper

快速 (kuài sù) quickly; rapidly

搞混 (gǎo hùn) to mix up; to confuse

一路上 (yí lù shàng) along the way

心神不宁 (xīn shén bù níng) to be uneasy; to be disturbed

正准备 (zhèng zhǔn bèi) to be about to; to be preparing for

Exercises & Solutions

1. 把下面的词汇翻译成英语。

Translate the following words to English.

商店

手表

药

一样

司机

2. 把下面的词汇翻译成中文。

Translate the following words to Chinese.

discover; find out

colleague

coffee

rest; break

hospital

3. 请在故事里找到至少 3 个量词。

Please find at least 3 measure words in the story.

4. 根据故事内容，我都在什么地方看到了这把奇怪的椅子？

Based on the story, in what places did I see the strange chair?

5. 故事中的我做错了什么事情？

What mistake did I make in the story?

6. 我喊道："走开啊！讨厌的椅子！"在这句话里，我为什么觉得椅子会走？

In this sentence, why do I think the chair can walk?

7. 你觉得故事中的"我"是做什么工作的？

In your opinion, what job do "I" have in the story?

Solutions

1.

商店 store　　手表 watch　　药 medicine

一样 same　　司机 taxi driver

2.

Discover; find out 发现　　colleague 同事

coffee 咖啡　　rest; break 休息　　hospital 医院

3.

把：　一把椅子　　辆：　一辆出租车

杯：　一杯咖啡　　张：　一张白纸

块：　一块手表

4.我家附近；路边；商店前面；饭店里；家门口

5.我把两个病人的药搞错了，其中一个人死了。

I mixed up the medicines of two patients, and one of them died.

6.因为我在不同的地方都看到了这把椅子。

Because I saw this chair in different places.

7.护士。因为负责把病人的药。

Nurse, because I am responsible for administering the medications to the patients.

STORY 10. 爱说话的小女孩

A Chatty Little Girl

Chinese Characters Only

婷婷今年八岁了，她住在中国北京，是一个小学生。

一天早上，婷婷正在床上睡着，突然闹钟响了，铃声是一个卡通人物:“起床了,起床了!起床了,起床了!……”婷婷坐起来，说：“别叫了”，关上了闹钟，开始穿衣服，穿上衣服后，又躺下睡着了。妈妈又去叫婷婷：“快起床吧！上学要迟到了！”

婷婷终于起床了，她坐在桌子前吃早饭。桌子上有热牛奶，面包，还有菜和水果。婷婷只喝了牛奶，吃了面包。然后和爸爸说了再见，就拿着水杯和苹果跑了出去，坐上妈妈的自行车去上学。

路上她一边不断地和认识的同学和老师说早上好，一边还不停地和妈妈说着话：“妈妈，明天是星期六了，我好高兴啊!妈妈,明天上午,我想和朋友一起去踢足球,然后去游泳。妈妈，明天中午你和爸爸带我去饭店吃饭吧，下午再看一个电影……”

还没等妈妈回答她，她们就到了学校的大门了。婷婷跳下自行车，和妈妈说了再见，然后跑向学校。妈妈也准备去上班。刚骑上自行车，就听到后面惊恐的叫声：“妈！妈妈！”妈妈回头一看，发现婷婷向她跑来，哭着说：“妈妈，我忘记带书包了！”

Chinese Characters + Pinyin

tíng tíng jīn nián bā suì le tā zhù zài zhōng guó
婷婷今年八岁了，她住在中国

běi jīng shì yí gè xiǎo xué shēng
北京，是一个小学生。

yì tiān zǎo shang tíng tíng zhèng zài chuáng shàng
一天早上，婷婷正在床上

shuì zhe tū rán nào zhōng xiǎng le líng shēng
睡着，突然闹钟响了，铃声

shì yí gè kǎ tōng rén wù qǐ chuáng le qǐ
是一个卡通人物："起床了，起

chuáng le qǐ chuáng le qǐ chuáng le
床了！起床了，起床了！……"

tíng tíng zuò qǐ lái shuō bié jiào le guān
婷婷坐起来，说："别叫了"，关

shàng le nào zhōng kāi shǐ chuān yī fu chuān
上了闹钟，开始穿衣服，穿

shàng yī fu hòu yòu tǎng xià shuì zháo le mā
上衣服后，又躺下睡着了。妈

ma yòu qù jiào tíng tíng kuài qǐ chuáng ba
妈又去叫婷婷："快起床吧！

shàng xué yào chí dào le
上学要迟到了！"

tíng tíng zhōng yú qǐ chuáng le tā zuò zài zhuō
婷婷终于起床了，她坐在桌

zi qián chī zǎo fàn zhuō zi shàng yǒu rè niú nǎi
子前吃早饭。桌子上有热牛奶，

miàn bāo hái yǒu cài hé shuǐ guǒ tíng tíng zhǐ
面包，还有菜和水果。婷婷只

hē le niú nǎi chī le miàn bāo rán hòu hé bà ba
喝了牛奶，吃了面包。然后和爸爸

shuō le zài jiàn jiù ná zhe shuǐ bēi hé píng guǒ
说了再见，就拿着水杯和苹果

pǎo le chū qù zuò shàng mā ma de zì xíng chē
跑了出去，坐上妈妈的自行车

qù shàng xué
去上学。

lù shàng tā yì biān bú duàn de hé rèn shi de tóng
路上她一边不断地和认识的同

xué hé lǎo shī shuō zǎo shang hǎo yì biān hái bù
学和老师说早上好，一边还不

tíng de hé mā ma shuō zhe huà mā ma míng
停地和妈妈说着话：“妈妈，明

tiān shì xīng qī liù le wǒ hǎo gāo xìng a mā
天是星期六了，我好高兴啊！妈

ma míng tiān shàng wǔ wǒ xiǎng hé péng you yì
妈，明天上午，我想和朋友一

qǐ qù tī zú qiú rán hòu qù yóu yǒng mā ma
起去踢足球，然后去游泳。妈妈，

míng tiān zhōng wǔ nǐ hé bà ba dài wǒ qù fàn diàn
明天中午你和爸爸带我去饭店

chī fàn ba xià wǔ zài kàn yí gè diàn yǐng
吃饭吧，下午再看一个电影……”

hái méi děng mā ma huí dá tā tā men jiù dào le
还没等妈妈回答她，她们就到了

xué xiào de dà mén le tíng tíng tiào xià zì xíng
学校的大门了。婷婷跳下自行

chē hé mā ma shuō le zài jiàn rán hòu pǎo
车，和妈妈说了再见，然后跑

xiàng xué xiào mā ma yě zhǔn bèi qù shàng bān
向学校。妈妈也准备去上班。

gāng qí shàng zì xíng chē jiù tīng dào hòu miàn
刚骑上自行车，就听到后面

jīng kǒng de jiào shēng mā mā ma mā
惊恐的叫声：“妈！妈妈！”妈

ma huí tóu yí kàn fā xiàn tíng tíng xiàng tā pǎo
妈回头一看，发现婷婷向她跑

lái kū zhe shuō mā ma wǒ wàng jì dài shū
来，哭着说：“妈妈，我忘记带书

bāo le
包了！”

Chinese Characters + Translation

婷婷今年八岁了，她住在中国北京，是一个小学生。

Tingting is 8 years old. She lives in Beijing, China. She is an elementary school student.

一天早上，婷婷正在床上睡着，突然闹钟响了，铃声是一个卡通人物：“起床了，起床了！起床了，起床了！……”婷婷坐起来，说：“别叫了”，关上了闹钟，开始穿衣服，穿上衣服后，又躺下睡着了。妈妈又去叫婷婷：“快起床吧！上学要迟到了！”

One morning, Tingting was still sleeping in bed, when the alarm clock suddenly went off. The ringtone was of a cartoon character, “Wake up! Wake up! Wake up! Wake up!...” Tingting sat up, and said, “Stop saying it!” She turned off the alarm clock and started getting dressed. But after getting dressed, she lay back down to sleep. Her mom went to wake Tingting up, “Hurry, wake up! You are about to be late for school!”

婷婷终于起床了，她坐在桌子前吃早饭。桌子上有热牛奶，面包，还有菜和水果。婷婷只喝了牛奶，吃了面包。然后和爸爸说了再见，就拿着水杯和苹果跑

Tingting finally got up. She sat in front of the table to eat breakfast. On the table, there were warm milk, bread, and also vegetables and fruits. Tingting only drank the milk and ate the bread. Then she said goodbye to her dad. She then grabbed her water bottle and an

了出去，坐上妈妈的自行车去上学。

apple and ran out to sit on her mom's bike to go to school.

路上她一边不断地和认识的同学和老师说早上好，一边还不停地和妈妈说着话："妈妈，明天是星期六了，我好高兴啊！妈妈，明天上午，我想和朋友一起去踢足球，然后去游泳。妈妈，明天中午你和爸爸带我去饭店吃饭吧，下午再看一个电影……"

On the way, while she was saying good morning to classmates and teachers who passed by, she was also talking to her mom non-stop, "Mom, tomorrow is Saturday. I am really happy! Mom, tomorrow morning, I want to play soccer with my friends and then go swimming. Mom, tomorrow at noon, you and dad take me to eat at a restaurant. And then watch a movie in the afternoon..."

还没等妈妈回答她，她们就到了学校的大门了。婷婷跳下自行车，和妈妈说了再见，然后跑向学校。妈妈也准备去上班。刚骑上自行车，就听到后面惊恐的叫声："妈！妈妈！"妈妈回头一看，发现婷婷向

Before her mom could answer her, they had arrived at the big school door. Tingting jumped off the bike, said goodbye to her mom, then ran toward the school. Her mom was getting ready to go to work. As she got on her bike, she heard a terrified scream behind her, "Mom! Mom!" Her mom turned around and saw Tingting running toward her, she said

她跑来，哭着说：“妈妈，我忘记带书包了！”

while crying, “Mom, I forgot to bring my backpack!”

Vocabulary

响 (xiǎng) to go off; to ring

躺 (tǎng) to lie down

出去 (chū qù) to go out

不停 (bù tíng) nonstop

刚 (gāng) just finished; a moment ago

听到 (tīng dào) heard

人物 (rén wù) character; figure

不断 (bú duàn) nonstop

卡通 (kǎ tōng) cartoon

闹钟 (nào zhōng) alarm clock

铃声 (líng shēng) ringtone

惊恐 (jīng kǒng) terrified

叫声 (jiào shēng) shout; scream

回头 (huí tóu) turn one's head; look back

Exercises & Solutions

1. 把下面的词汇翻译成英语。

Translate the following words to English.

起床

迟到

终于

忘记

游泳

2.下面关于"一边"的造句，哪个是不对的？

Which sentence with the phrase "一边" is incorrect?

A.我一边吃饭，一边看电视。

B.她一边骑自行车，一边唱歌。

C.我们一边上学，一边放学。

D.不能一边吃饭，一边说话。

3. 把打乱的词汇重新排列，组成一句话。

Rearrange the words to form a sentence.

我

朋友

足球

踢

想

一起去

和

4.“妈妈也准备去上班。刚骑上自行车，就听到后面惊恐的叫声”。 这个叫声是谁的？

Whose scream was it?

5.铃声是一个卡通人物：“起床了，起床了！起床了，起床了！……” 婷婷坐起来，说：“别叫了”

在上面这段话里，婷婷跟谁说“别叫了”？

In this passage, who was Tingting saying “stop shouting” to?

Solutions

1.

起床 get up; wake up

迟到 to be late

终于 finally

忘记 forget

游泳 swim

2.C

3.我想和朋友一起去踢足球

4.这个叫声是婷婷发出来的。

The scream came from Tingting.

5.婷婷对闹钟说的“别叫了”

Tingting was telling the alarm clock to stop shouting.

STORY 11. 晚上开门的饭店

The Restaurant That Opens at Night

Chinese Characters Only

我是一个服务员，在北京的一家饭店上班。我们饭店每天晚上 7 点开门，早上 5 点关门，是专门在晚上营业的饭店。所以我都是在白天睡觉，晚上上班，每个星期一和星期二休息。

我挺喜欢我的工作时间的，上班时街道上都没有什么人，我喜欢安静的街道。而且，因为我晚上上班，所以赚的钱也比白天上班的服务员多，这点我也很满意。 但是这个工作也有让我不太喜欢的地方，那就是喝醉了的客人们。

吃晚饭和夜宵的客人们都很喜欢喝酒。我见过非常多喝醉后很奇怪的客人们。

有一次，3 个医生一共喝了 8 瓶啤酒。然后他们开始数鱼骨头一共有多少个，还问我怎么没有头骨？

还有一次，一个男人喝醉了，他的朋友们让他打电话叫他妻子来接他回家。他拿起手机，打了 3 个电话。过了一会儿，来了 3 个女人，都说自己是他妻子。她们在饭店里打了一架，最后又一起打了那个男人一顿。吓得我们只好报警。

又有一次，一个出租车司机来吃饭。在喝了几瓶啤酒之后，他哭着跟我说，他非常喜欢唱歌和跳舞。然后就在饭店里唱了一个晚上的歌。

如果你觉得生活太无聊，建议你到晚上开门的饭店来看看，这里什么奇怪的人都有。

Chinese Characters + Pinyin

wǒ shì yí gè fú wù yuán zài běi jīng de yì jiā fàn
我是一个服务员，在北京的一家饭

diàn shàng bān wǒ men fàn diàn měi tiān wǎn shang
店上班。我们饭店每天晚上

qī diǎn kāi mén zǎo shang wǔ diǎn guān mén shì
7点开门，早上5点关门，是

zhuān mén zài wǎn shang yíng yè de fàn diàn suǒ
专门在晚上营业的饭店。所

yǐ wǒ dōu shì zài bái tiān shuì jiào wǎn shang
以我都是在白天睡觉，晚上

shàng bān měi gè xīng qī yī hé xīng qī èr xiū
上班，每个星期一和星期二休

xi
息。

wǒ tǐng xǐ huan wǒ de gōng zuò shí jiān de shàng
我挺喜欢我的工作时间的，上

bān shí jiē dào shàng dōu méi yǒu shén me rén wǒ
班时街道上都没有什么人，我

xǐ huan ān jìng de jiē dào ér qiě yīn wèi wǒ
喜欢安静的街道。而且，因为我

wǎn shang shàng bān suǒ yǐ zhuàn de qián yě bǐ
晚上上班，所以赚的钱也比

bái tiān shàng bān de fú wù yuán duō zhè diǎn wǒ
白天上班的服务员多，这点我

yě hěn mǎn yì dàn shì zhè ge gōng zuò yě yǒu
也很满意。但是这个工作也有

ràng wǒ bú tài xǐ huan de dì fang nà jiù shì hē
让我不太喜欢的地方，那就是喝

zuì le de kè rén men
醉了的客人们。

chī wǎn fàn hé yè xiāo de kè rén men dōu hěn xǐ
吃晚饭和夜宵的客人们都很喜

huan hē jiǔ wǒ jiàn guò fēi cháng duō hē zuì hòu
欢喝酒。我见过非常多喝醉后

hěn qí guài de kè rén men
很奇怪的客人们。

yǒu yí cì sān gè yī shēng yí gòng hē le bā píng
有一次，3个医生一共喝了8瓶

pí jiǔ rán hòu tā men kāi shǐ shǔ yú gǔ tou yí
啤酒。然后他们开始数鱼骨头一

gòng yǒu duō shǎo gè hái wèn wǒ zěn me méi yǒu
共有多少个，还问我怎么没有

tóu gǔ
头骨？

hái yǒu yí cì yí gè nán rén hē zuì le tā de
还有一次，一个男人喝醉了，他的

péng you men ràng tā dǎ diàn huà jiào tā qī zi lái
朋友们让他打电话叫他妻子来

jiē tā huí jiā tā ná qǐ shǒu jī dǎ le gè diàn
接他回家。他拿起手机，打了3个电

huà guò le yí huì er lái le gè nǚ rén dōu
话。过了一会儿，来了3个女人，都

shuō zì jǐ shì tā qī zi tā men zài fàn diàn lǐ
说自己是他妻子。她们在饭店里

dǎ le yí jià zuì hòu yòu yì qǐ dǎ le nà ge nán
打了一架，最后又一起打了那个男

rén yí dùn xià de wǒ men zhǐ hǎo bào jǐng
人一顿。吓得我们只好报警。

yòu yǒu yí cì yí gè chū zū chē sī jī lái chī
又有一次，一个出租车司机来吃

fàn zài hē le jǐ píng pí jiǔ zhī hòu tā kū zhe
饭。在喝了几瓶啤酒之后，他哭着

gēn wǒ shuō tā fēi cháng xǐ huan chàng gē hé
跟我说，他非常喜欢唱歌和

tiào wǔ rán hòu jiù zài fàn diàn lǐ chàng le yí gè
跳舞。然后就在饭店里唱了一个

wǎn shang de gē
晚上的歌。

rú guǒ nǐ jué de shēng huó tài wú liáo jiàn yì nǐ
如果你觉得生活太无聊，建议你

dào wǎn shang kāi mén de fàn diàn lái kàn kàn zhè
到晚上开门的饭店来看看，这

lǐ shén me qí guài de rén dōu yǒu
里什么奇怪的人都有。

Chinese Characters + Translation

我是一个服务员，在北京的一家饭店上班。我们饭店每天晚上 7 点开门，早上 5 点关门，是专门在晚上营业的饭店。所以我都是在白天睡觉，晚上上班，每个星期一和星期二休息。

I am a waiter, working in a restaurant in Beijing. Our restaurant opens at 7 every night and closes at 5 in the morning. It is a restaurant dedicated to serving customers at night. So I always sleep during the day and work at night. I am off on Mondays and Tuesdays.

我挺喜欢我的工作时间的，上班时街道上都没有什么人，我喜欢安静的街道。而且，因为我晚上上班，所以赚的钱也比白天上班的服务员多，这点我也很满意。 但是这个工作也有让我不太喜欢的地方，那就是喝醉了的客人们。

I quite like my work schedule. There aren't many people on the street when I go to work. I like quiet streets. In addition, because I work at night, (so) I earn more than waiters who work during the day. I am satisfied with this, too. But there is something I don't like about this job as well, and that is drunk customers.

吃晚饭和夜宵的客人们都很喜欢喝酒。我见过非常多喝醉后很奇怪的客人们。

All customers who come for dinner or a midnight snack like to drink. I've seen many customers who acted weird after they got drunk.

有一次，3 个医生一共喝了 8 瓶啤酒。然后他们开始数鱼骨头一共有多少个，还问我怎么没有头骨？

One time, three doctors had drunk a total of 8 bottles of beer. Then they began to count how many fish bones there were in total. They even questioned me why there were no skulls.

还有一次，一个男人喝醉了，他的朋友们让他打电话叫他妻子来接他回家。他拿起手机，打了 3 个电话。过了一会儿，来了 3 个女人，都说自己是他妻子。她们在饭店里打了一架，最后又一起打了那个男人一顿。吓得我们只好报警。

Another time, a man got drunk. His friends had him call his wife to come and take him home. He picked up his phone and made three calls. Shortly after, three women showed up, all claiming to be his wife. They got into a fight in the restaurant. Then, in the end, they hit the man together. We were so frightened that we had to call the police.

又有一次，一个出租车司机来吃饭。在喝了几瓶啤酒之后，他哭着跟我说，他非常喜欢唱歌和跳舞。然后就在饭店里唱了一个晚上的歌。

Then another time, a taxi driver came to eat. After drinking a few bottles of beer, he told me while crying that he loved singing and dancing. Then he sang all night in the restaurant.

如果你觉得生活太无聊，建议你到晚上开门的饭店来看看，这里什么奇怪的人都有。

If you find life too boring, then I recommend coming to a restaurant that opens at night. There are all kinds of weird people here.

Vocabulary

专门 (zhuān mén) specialized

挺 (tǐng) quite; very

赚 (zhuàn) earn (money)

只好 (zhǐ hǎo) have to; no choice but

之后 (zhī hòu) after

生活 (shēng huó) life

无聊 (wú liáo) boring

建议 (jiàn yì) suggestion; to suggest

营业 (yíng yè) business; open for business

数 (shǔ) to count

骨头 (gǔ tou) bone

顿 (dùn) measure word for meals; measure word for events such as criticizing, abusing, fighting, etc.

吓 (xià) to scare

报警 (bào jǐng) report (an incident) to the police

喝醉 (hē zuì) get drunk

夜宵 (yè xiāo) late-night snack

喝酒 (hē jiǔ) drink alcohol

头骨 (tóu gǔ) skull

Exercises & Solutions

1. 把下面的词汇翻译成中文。

Translate the following words to Chinese.

doctor

make a phone call

work

waiter

customer

2. 我为什么喜欢我的工作？列出一个理由。

Why do I like my job? List one reason.

3. 把打乱的词汇重新排列，组成一句话。

Rearrange the words to form a sentence.

关门

饭店

开门

晚上 7 点

我们

每天

早上 5 点

4. 我见过非常多喝醉后很奇怪的客人们。下面哪一个不是我在故事中提到的？

I have seen many strange customers who behave strangely after getting drunk. Which one of the following is not mentioned in the story?

A. 三个医生喝醉后开始数鱼骨头。

Three doctors started counting fish bones after getting drunk.

B. 一个男人给三个女人打电话，她们都说是他的妻子。

A man called three women, and they all claimed to be his wife.

C. 一个女人喝醉后开始跳舞。A woman started dancing after getting drunk.

D. 一个出租车司机唱了一个晚上的歌。A taxi driver sang songs all night.

5. 把下面的词汇翻译成英语。

Translate the following words to English.

家

时间

休息

奇怪

啤酒

Solutions

1.

医生 (yī shēng) doctor

打电话 (dǎ diàn huà) make a phone call

上班 (shàng bān) work

服务员 (fú wù yuán) waiter/waitress

客人 (kè rén) customer

2.

我挺喜欢我的工作时间的，上班时街道上都没有什么人，我喜欢安静的街道

因为我晚上上班，所以赚的钱也比白天上班的服务员多，这点我也很满意。

3. 我们饭店每天晚上 7 点开门，早上 5 点关门。

4. C. 一个女人喝醉后开始跳舞。A woman started dancing after getting drunk.

5.

家 (jiā) family; home

时间 (shí jiān) time

休息 (xiū xi) to rest; take a break

奇怪 (qí guài) strange; odd

啤酒 (pí jiǔ) beer

STORY 12. 她们是姐妹？

They Are Sisters?

Chinese Characters Only

三年级一班里有两个姓陈的学生。一个学生个子比较高，是长头发，她叫陈安安。另一个学生个子比较矮，是短头发，她叫陈七七。她们是亲姐妹，但是很多同学都不相信，因为她们实在太不一样了！

陈安安是班里最高的女学生。她坐在最后一排。她非常安静，只有在老师问问题的时候才说话。开学的第一天，几个同学想和她交朋友，但是她的回答都很短，只有一两个字。最后，那些同学就不和她说话了，所以到现在她都没有朋友。 陈安安非常乖，成绩也非常好，老师们都很喜欢她。

陈七七是班里最矮的女学生。她坐在第一排。她的话很多，她最喜欢在上课的时候和同桌说话，让老师很生气。不过，她有非常多朋友，班里的同学几乎都是她的朋友！陈七七非常调皮，成绩也不好，让老师们很头痛。

她们两个身高不一样，性格不一样，学习成绩也不一样，确实很难相信她们是亲姐妹，你说呢？

Chinese Characters + Pinyin

sān nián jí yī bān lǐ yǒu liǎng gè xìng chén de xué
三年级一班里有两个姓陈的学

shēng yí gè xué shēng gè zi bǐ jiào gāo shì
生。一个学生个子比较高，是

cháng tóu fa tā jiào chén ān ān lìng yí gè xué
长头发，她叫陈安安。另一个学

shēng gè zi bǐ jiào ǎi shì duǎn tóu fa tā jiào
生个子比较矮，是短头发，她叫

chén qī qī tā men shì qīn jiě mèi dàn shì hěn
陈七七。她们是亲姐妹，但是很

duō tóng xué dōu bù xiāng xìn yīn wèi tā men shí
多同学都不相信，因为她们实

zài tài bù yí yàng le
在太不一样了！

chén ān ān shì bān lǐ zuì gāo de nǚ xué shēng tā
陈安安是班里最高的女学生。她

zuò zài zuì hòu yì pái tā fēi cháng ān jìng zhǐ
坐在最后一排。她非常安静，只

yǒu zài lǎo shī wèn wèn tí de shí hou cái shuō huà
有在老师问问题的时候才说话。

kāi xué de dì yī tiān jǐ gè tóng xué xiǎng hé tā
开学的第一天，几个同学想和她

jiāo péng you dàn shì tā de huí dá dōu hěn duǎn
交朋友，但是她的回答都很短，
zhǐ yǒu yì liǎng gè zì zuì hòu nà xiē tóng xué
只有一两个字。最后，那些同学
jiù bù hé tā shuō huà le suǒ yǐ dào xiàn zài tā
就不和她说话了，所以到现在她
dōu méi yǒu péng you chén ān ān fēi cháng guāi
都没有朋友。陈安安非常乖，
chéng jì yě fēi cháng hǎo lǎo shī men dōu hěn xǐ
成绩也非常好，老师们都很喜
huan tā
欢她。

chén qī qī shì bān lǐ zuì ǎi de nǚ xué shēng tā
陈七七是班里最矮的女学生。她
zuò zài dì yī pái tā de huà hěn duō tā zuì xǐ
坐在第一排。她的话很多，她最喜
huan zài shàng kè de shí hou hé tóng zhuō shuō
欢在上课的时候和同桌说
huà ràng lǎo shī hěn shēng qì bú guò tā yǒu
话，让老师很生气。不过，她有
fēi cháng duō péng you bān lǐ de tóng xué jī hū
非常多朋友，班里的同学几乎
dōu shì tā de péng you chén qī qī fēi cháng tiáo
都是她的朋友！陈七七非常调

pí chéng jì yě bù hǎo ràng lǎo shī men hěn tóu
皮，成绩也不好，让老师们很头

tòng
痛。

tā men liǎng gè shēn gāo bù yí yàng xìng gé bù
她们两个身高不一样，性格不

yí yàng xué xí chéng jì yě bù yí yàng què shí
一样，学习成绩也不一样，确实

hěn nán xiāng xìn tā men shì qīn jiě mèi nǐ shuō
很难相信她们是亲姐妹，你说

ne
呢？

Chinese Characters + Translation

三年级一班里有两个姓陈的学生。一个学生个子比较高，是长头发，她叫陈安安。另一个学生个子比较矮，是短头发，她叫陈七七。她们是亲姐妹，但是很多同学都不相信，因为她们实在太不一样了！	In 3rd Grade Class 1, there are two students with the last name Chen. One of the students is tall, with long hair, her name is Chen Anan. The other student is short, with short hair, her name is Chen Qiqi. They are blood-related sisters. But many classmates don't believe it because they are really different!
陈安安是班里最高的女学生。她坐在最后一排。她非常安静，只有在老师问问题的时候才说话。开学的第一天，几个同学想和她交朋友，但是她的回答都很短，只有一两个字。最后，那些同学就不和她说话了，所以到现在她都没有朋友。陈安安非常乖，成	Chen Anan is the tallest female student in the class. She sits in the last row of the class. She is very quiet. She only talks when the teacher asks a question. On the first day of school, a few classmates wanted to be friends with her, but her answers were all very short, just one or two-word answers. Eventually, those classmates stopped talking with her. So even now she still doesn't have any friends. Chen Anan is very obedient. Her grades are really

绩也非常好，老师们都很喜欢她。

good. All the teachers like her a lot.

陈七七是班里最矮的女学生。她坐在第一排。她的话很多，她最喜欢在上课的时候和同桌说话，让老师很生气。不过，她有非常多朋友，班里的同学几乎都是她的朋友！陈七七非常调皮，成绩也不好，让老师们很头痛。

Chen Qiqi is the shortest female student in the classroom. She sits in the first row. She talks a lot. She loves to talk with her deskmate during class, which makes the teacher angry. But, she has a lot of friends. Pretty much all the students in the class are her friends! Chen Qiqi is very naughty. Her grades aren't good, which causes the teacher headaches.

她们两个身高不一样，性格不一样，学习成绩也不一样，确实很难相信她们是亲姐妹，你说呢？

They have different heights, different personalities, and even different grades. It is really hard to believe they are blood-related sisters. What do you think?

Vocabulary

不过 (bú guò) however

性格 (xìng gé) personality

确实 (què shí) indeed

身高 (shēn gāo) height

开学 (kāi xué) start a new semester

实在 (shí zài) truly

乖 (guāi) obedient

调皮 (tiáo pí) mischievous

亲姐妹 (qīn jiě mèi) biological sisters

同桌 (tóng zhuō) deskmate

头痛 (tóu tòng) headache

排 (pái) line; row

Exercises & Solutions

1. 把下面的词汇翻译成英语。

Translate the following words to English.

一样

学生

说话

回答

2. 把下面的词汇翻译成中文。

Translate the following words to Chinese.

very

friend

short

like

quiet

3. 把打乱的词汇重新排列，组成一句话。

Rearrange the words to form a sentence.

很多，都，但是，不相信，同学

4. 请在故事里找出至少 3 对反义词。

Please find at least 3 pairs of antonyms in the story.

Solutions

1.

一样 same

学生 student

说话 talk; speak

回答 reply

2.

very 很，非常

friend 朋友

short 矮

like 喜欢

quiet 安静

3.但是很多同学都不相信

4.高-矮， 短-长， 最后一排-第一排， 乖-调皮

STORY 13. 你知道吗？

Do You Know?

Chinese Characters Only

你知道吗？我不喜欢运动，我喜欢在沙发上睡觉。但是因为你喜欢踢足球，我只好每天都陪你去踢足球。

你知道吗？我不喜欢吃西瓜。但是因为你喜欢看我吃西瓜，我只好装作吃得很开心。

你知道吗？我不喜欢看电视，我只想睡觉。但是为什么你会觉得我喜欢看电视？还把我抱到电视前面让我看电视？我眼睛疼，我想睡觉！

你知道吗？我不喜欢邻居家的那只猫。它长得一点都不好看！你还经常把我们俩放到一起拍照。而且，它说它也不喜欢我。真是一只奇怪的猫！

你知道吗？我喜欢在下雪的时候出去玩，而且我一点都不冷。可能你觉得冷，所以你就给我也穿上了衣服。我讨厌穿衣服啊！狗不需要穿衣服的，你不知道吗？

对！你不知道。你什么都不知道，你这个笨蛋主人！

Chinese Characters + Pinyin

nǐ zhī dào ma wǒ bù xǐ huan yùn dòng wǒ xǐ
你知道吗？我不喜欢运动，我喜

huan zài shā fā shàng shuì jiào dàn shì yīn wèi nǐ
欢在沙发上睡觉。但是因为你

xǐ huan tī zú qiú wǒ zhǐ hǎo měi tiān dōu péi nǐ
喜欢踢足球，我只好每天都陪你

qù tī zú qiú
去踢足球。

nǐ zhī dào ma wǒ bù xǐ huan chī xī guā dàn
你知道吗？我不喜欢吃西瓜。但

shì yīn wèi nǐ xǐ huan kàn wǒ chī xī guā wǒ zhǐ
是因为你喜欢看我吃西瓜，我只

hǎo zhuāng zuò chī de hěn kāi xīn
好装作吃得很开心。

nǐ zhī dào ma wǒ bù xǐ huan kàn diàn shì wǒ
你知道吗？我不喜欢看电视，我

zhǐ xiǎng shuì jiào dàn shì wèi shén me nǐ huì jué
只想睡觉。但是为什么你会觉

de wǒ xǐ huan kàn diàn shì hái bǎ wǒ bào dào
得我喜欢看电视？还把我抱到

diàn shì qián miàn ràng wǒ kàn diàn shì wǒ yǎn
电视前面让我看电视？我眼

jing téng wǒ xiǎng shuì jiào
睛疼，我想睡觉！

nǐ zhī dào ma wǒ bù xǐ huan lín jū jiā de nà
你知道吗？我不喜欢邻居家的那

zhī māo tā zhǎng de yì diǎn dōu bù hǎo kàn nǐ
只猫。它长得一点都不好看！你

hái jīng cháng bǎ wǒ men liǎ fàng dào yì qǐ pāi
还经常把我们俩放到一起拍

zhào ér qiě tā shuō tā yě bù xǐ huan wǒ
照。而且，它说它也不喜欢我。

zhēn shì yì zhī qí guài de māo
真是一只奇怪的猫！

nǐ zhī dào ma wǒ xǐ huan zài xià xuě de shí hou
你知道吗？我喜欢在下雪的时候

chū qù wán ér qiě wǒ yì diǎn dōu bù lěng kě
出去玩，而且我一点都不冷。可

néng nǐ jué de lěng suǒ yǐ nǐ jiù gěi wǒ yě chuān
能你觉得冷，所以你就给我也穿

shàng le yī fu wǒ tǎo yàn chuān yī fu a gǒu
上了衣服。我讨厌穿衣服啊！狗

bù xū yào chuān yī fu de nǐ bù zhī dào ma
不需要穿衣服的，你不知道吗？

duì nǐ bù zhī dào nǐ shén me dōu bù zhī dào
对！你不知道。你什么都不知道，

nǐ zhè ge bèn dàn zhǔ rén
你这个笨蛋主人！

Chinese Characters + Translation

你知道吗？我不喜欢运动，我喜欢在沙发上睡觉。但是因为你喜欢踢足球，我只好每天都陪你去踢足球。	Do you know? I don't like sports. I like sleeping on the couch. But because you like playing soccer, I have to accompany you to play soccer every day.
你知道吗？我不喜欢吃西瓜。但是因为你喜欢看我吃西瓜，我只好装作吃得很开心。	Do you know? I don't like eating watermelon. But because you like watching me eat watermelon, I have no choice but to pretend that I enjoy eating it.
你知道吗？我不喜欢看电视，我只想睡觉。但是为什么你会觉得我喜欢看电视？还把我抱到电视前面让我看电视？我眼睛疼，我想睡觉！	Do you know? I don't like watching TV. I just want to sleep. But why do you think I like watching TV? You even hold me in front of the TV to watch it. My eyes hurt. I want to sleep!
你知道吗？我不喜欢邻居家的那只猫。它长得一点	Do you know? I don't like the neighbor's cat. It's not pretty at all! You always put us together

都不好看！你还经常把我们俩放到一起拍照。而且，它说它也不喜欢我。真是一只奇怪的猫！

to take pictures. And it says it doesn't like me either. What a strange cat!

你知道吗？我喜欢在下雪的时候出去玩，而且我一点都不冷。可能你觉得冷，所以你就给我也穿上了衣服。我讨厌穿衣服啊！狗不需要穿衣服的，你不知道吗？

Do you know? I like playing outside when it's snowing. And I'm not cold at all. Maybe you feel cold, so you put clothes on me too. I hate wearing clothes! Dogs don't need to wear clothes. Don't you know?

对！你不知道。你什么都不知道，你这个笨蛋主人！

That's right! You don't know. You don't know anything, you foolish owner!

Vocabulary

沙发 (shā fā) sofa

只好 (zhǐ hǎo) have no choice but to

陪 (péi) accompany

开心 (kāi xīn) happy

抱 (bào) hug; carry in one's arms

俩 (liǎ) two

讨厌 (tǎo yàn) dislike; annoying

主人 (zhǔ rén) owner

拍照 (pāi zhào) take photos

装作 (zhuāng zuò) pretend

笨蛋 (bèn dàn) fool

Exercises & Solutions

1. 把下面的词汇翻译成英语。

Translate the following words to English.

电视

知道

穿

奇怪

需要

2. 把打乱的词汇重新排列，组成一句话。

Rearrange the words to form a sentence.

我，沙发上，喜欢，睡觉，在

3.下面的事情中哪个是“我”喜欢做的？

Which of the following things is something that “I” like to do?

A.踢足球

B.吃西瓜

C.看电视

D.下雪的时候出去玩

4.下面的事情中哪个是“你”喜欢的？

Which of the following things is something that “you” like?

A.在沙发上睡觉　　　B.吃西瓜

C.踢足球　　　D.下雪的时候出去玩

5.故事中的“我”是谁？Who am “I” in the story?

A.一只猫　　　A cat

B.一只狗　　　A dog

C.一个小孩　　　A child

D.一个大人　　　An adult

6.故事中的“你”是谁？Who is “you” in the story?

A.一只狗的主人　　　The owner of a dog

B.一只猫的主人　　　The owner of a cat

C.邻居家的猫　　　The neighbor’s cat

D.另一只狗　　　Another dog

7.故事的最后，“我”说“你”是一个笨蛋，那么“我”真的讨厌“你”吗？为什么？

At the end of the story, when I say “you” are a fool, do I really dislike “you”? Why?

Solutions

1.

电视 television 知道 to know 穿 to wear

奇怪 weird; strange 需要 necessary; need to

2.我喜欢在沙发上睡觉。

3.D 4.C 5.B 6.A

7.故事中“我”是一只狗，“你”是狗的主人。狗并不是真的讨厌它的主人，因为故事里说过：狗虽然不喜欢踢足球，但是因为主人喜欢，狗就陪主人一起踢足球；另外，狗不喜欢吃西瓜，但是主人喜欢看狗吃西瓜，所以狗就装作吃得很开心。这都说明，狗爱它的主人。

In the story, “I” am a dog, and “you” are the dog’s owner. The dog doesn’t actually dislike its owner because it is mentioned in the story that even though the dog doesn’t like playing soccer, it accompanies its owner to play soccer because the owner enjoys it. Additionally, the dog doesn’t like eating watermelon, but it pretends to enjoy it because the owner likes watching the dog eat watermelon. These show that the dog loves its owner.

STORY 14. 我讨厌体育老师

I Hate the PE Teacher!

Chinese Characters Only

今天是 9 月 8 号，是新学期的第七天。

这个学期我有七门课，我最不喜欢的课是体育课。因为我的体育老师很凶，我有些讨厌他。

今天上午我本来很开心，因为今天是晴天，我非常喜欢晴天。但是下午我上了一节体育课，然后我就变得不开心了。

今天下午两点，我们上了一节体育课。在课上，体育老师让同学们跑步。我不喜欢跑步，我跑得也很慢。老师让我们每人跑 400 米，我跑了 100 米就累了。但是我还是坚持跑下去，好不容易跑完了 400 米。

体育老师看见所有的同学都跑完后，对大家说："今天我们很多同学都跑得很快。但是有一位同学跑得最慢，他就是亮星雨！我想蜗牛都比他跑得快！"

同学们听了老师的话都笑了。只有我没有笑，因为我就是亮星雨！体育老师真是太讨厌了！

Chinese Characters + Pinyin

jīn tiān shì jiǔ yuè bā hào shì xīn xué qī de dì qī
今天是9月8号，是新学期的第七

tiān
天。

zhè ge xué qī wǒ yǒu qī mén kè wǒ zuì bù xǐ
这个学期我有七门课，我最不喜

huan de kè shì tǐ yù kè yīn wèi wǒ de tǐ yù lǎo
欢的课是体育课。因为我的体育老

shī hěn xiōng wǒ yǒu xiē tǎo yàn tā
师很凶，我有些讨厌他。

jīn tiān shàng wǔ wǒ běn lái hěn kāi xīn yīn wèi
今天上午我本来很开心，因为

jīn tiān shì qíng tiān wǒ fēi cháng xǐ huan qíng
今天是晴天，我非常喜欢晴

tiān dàn shì xià wǔ wǒ shàng le yì jié tǐ yù kè
天。但是下午我上了一节体育课，

rán hòu wǒ jiù biàn de bù kāi xīn le
然后我就变得不开心了。

jīn tiān xià wǔ liǎng diǎn wǒ men shàng le yì jié
今天下午两点，我们上了一节

tǐ yù kè zài kè shàng tǐ yù lǎo shī ràng tóng
体育课。在课上，体育老师让同

xué men pǎo bù wǒ bù xǐ huan pǎo bù wǒ pǎo
学们跑步。我不喜欢跑步，我跑

de yě hěn màn lǎo shī ràng wǒ men měi rén pǎo
得也很慢。老师让我们每人跑

mǐ wǒ pǎo le mǐ jiù lèi le dàn shì wǒ
400米，我跑了100米就累了。但是我

hái shì jiān chí pǎo xià qù hǎo bù róng yì pǎo wán
还是坚持跑下去，好不容易跑完

le mǐ
了400米。

tǐ yù lǎo shī kàn jiàn suǒ yǒu de tóng xué dōu pǎo
体育老师看见所有的同学都跑

wán hòu duì dà jiā shuō jīn tiān wǒ men hěn
完后，对大家说："今天我们很

duō tóng xué dōu pǎo de hěn kuài dàn shì yǒu yí
多同学都跑得很快。但是有一

wèi tóng xué pǎo de zuì màn tā jiù shì liàng xīng
位同学跑得最慢，他就是亮星

yǔ wǒ xiǎng wō niú dōu bǐ tā pǎo de kuài
雨！我想蜗牛都比他跑得快！"

tóng xué men tīng le lǎo shī de huà dōu xiào le
同 学 们 听 了 老 师 的 话 都 笑 了 。

zhǐ yǒu wǒ méi yǒu xiào yīn wèi wǒ jiù shì liàng
只 有 我 没 有 笑 ， 因 为 我 就 是 亮

xīng yǔ tǐ yù lǎo shī zhēn shì tài tǎo yàn le
星 雨 ！ 体 育 老 师 真 是 太 讨 厌 了 ！

Chinese Characters + Translation

今天是 9 月 8 号，是新学期的第七天。

Today is September 8th. It is the 7th day of the new semester.

这个学期我有七门课，我最不喜欢的课是体育课。因为我的体育老师很凶，我有些讨厌他。

This semester I have 7 classes. The class I dislike the most is PE class. Because my PE teacher is very intimidating. I kind of dislike him.

今天上午我本来很开心，因为今天是晴天，我非常喜欢晴天。但是下午我上了一节体育课，然后我就变得不开心了。

This morning I was very happy initially, because it was sunny. I really like sunny days. But in the afternoon, I had a PE class, then I became unhappy.

今天下午两点，我们上了一节体育课。在课上，体育老师让同学们跑步。我不喜欢跑步，我跑得也很慢。老师让我们每人跑 400 米，我跑了 100 米就累了。但

At 2 o'clock in the afternoon, we had a PE class. During the class, the PE teacher wanted the class to run. I dislike running. I also run really slowly. The teacher wanted every one of us to run 400 meters. I was tired after running only for 100 meters. But I still held on and continued running. Finally, I

是我还是坚持跑下去，好不容易跑完了 400 米。

managed to finish running 400 meters.

体育老师看见所有的同学都跑完后，对大家说："今天我们很多同学都跑得很快。但是有一位同学跑得最慢，他就是亮星雨！我想蜗牛都比他跑得快！"

After the PE teacher saw all the students had finished running, he said to everyone, "Today, a lot of the class ran fast. But one student ran really slowly, and it was Liang Xingyu! I think snails run faster than him!"

同学们听了老师的话都笑了。只有我没有笑，因为我就是亮星雨！体育老师真是太讨厌了！

All the students laughed after hearing what the teacher said. I was the only person who didn't laugh, because I am Liang Xingyu! I hate the PE teacher!

Vocabulary

学期 (xué qī) semester

讨厌 (tǎo yàn) hate

本来 (běn lái) originally

开心 (kāi xīn) happy

节 (jié) measure word for class

坚持 (jiān chí) persist; stick to

所有 (suǒ yǒu) all

凶 (xiōng) strict; fierce

变得 (biàn de) become; turn into

好不容易 (hǎo bù róng yì) finally; after much difficulty

蜗牛 (wō niú) snail

Exercises & Solutions

1. 把下面的词汇翻译成英语。

Translate the following words to English.

我们

课

跑步

体育

米

2. 请在故事中找到所有的量词。

Find all the measure words in the story.

3. 把打乱的词汇重新排列，组成一句话。

Rearrange the words to form a sentence.

不喜欢

是

课

体育课

我

的

最

4. 把打乱的词汇重新排列，组成一句话。

Rearrange the words to form a sentence.

老师

同学们

体育

跑步

让

5. 故事中，亮星雨跑完了 400 米吗？

In the story, did Liang Xingyu complete the 400-meter race?

6.下面的词汇里哪一个不应该出现在这里？

Odd one out. Find the word that doesn't belong to this group.

A.跑

B.笑

C.说

D.累

7.我为什么不喜欢体育课？

Why don't I like Physical Education class?

Solutions

1.

我们 we

课 class

跑步 run

体育 sports; physical education

米 meter

2.个（这个学期）； 门（七门课）； 节（一节体育课）；

位（一位同学）

3.我最不喜欢的课是体育课。

4.体育老师让同学们跑步。

5.亮星雨跑完了 400 米。

6.D (the other three words are verbs)

7.因为我不喜欢体育老师，他很凶。

STORY 15. 你听！

Listen!

Chinese Characters Only

晚上 12 点半，小雪摇醒了正在睡觉的小西。

“你听！听见了吗？”

小西在床上坐起来，问：“什么？”

“你没听见吗？外边有人在唱歌！”

小西打了个哈欠，说：“我们家后面有一个饭店，可能有人还在吃饭吧。吃得高兴了就开始唱歌。快睡吧！”说完后，小西又躺下睡觉。

过了几分钟，小雪又在他旁边说：“你听!好像下雨了！”

小西睁开眼睛：“下雨怎么了？”

“如果雨下得很大的话，我们的房子会不会很危险？”

“不会，我们的房子很结实，放心吧！”小西又闭上眼睛睡觉。

在他刚要睡着的时候，听见小雪着急地说：“你听！你快听！有轰隆隆的声音！”

小西安慰她说：“听见了，应该是出租车路过的声音。不要害怕，快睡觉吧！”

但是小雪还是很不安，她躺在床上仔细地听着外边的声音，突然她听到：“喵！”她赶紧叫小西的名字，而且压低声音说：“小西，你听！有猫在叫！”

小西吓得马上坐了起来，和小雪一起躲到了床的下边。听着猫走远后才敢呼吸。啊呀！真是吓死小老鼠们了！

Chinese Characters + Pinyin

wǎn shang diǎn bàn xiǎo xuě yáo xǐng le zhèng
晚 上 12 点 半 ， 小 雪 摇 醒 了 正

zài shuì jiào de xiǎo xī
在 睡 觉 的 小 西 。

nǐ tīng tīng jiàn le ma
“ 你 听 ！ 听 见 了 吗 ？ ”

xiǎo xī zài chuáng shàng zuò qǐ lái wèn shén
小 西 在 床 上 坐 起 来 ， 问 ：“ 什

me
么 ？ ”

nǐ méi tīng jiàn ma wài bian yǒu rén zài chàng
“ 你 没 听 见 吗 ？ 外 边 有 人 在 唱

gē
歌 ！ ”

xiǎo xī dǎ le ge hā qian shuō wǒ men jiā
小 西 打 了 个 哈 欠 ， 说 ：“ 我 们 家

hòu miàn yǒu yí gè fàn diàn kě néng yǒu rén hái
后 面 有 一 个 饭 店 ， 可 能 有 人 还

zài chī fàn ba chī de gāo xìng le jiù kāi shǐ chàng
在 吃 饭 吧 。 吃 得 高 兴 了 就 开 始 唱

gē kuài shuì ba shuō wán hòu xiǎo xī yòu
歌。快睡吧！” 说完后，小西又

tǎng xià shuì jiào
躺下睡觉。

guò le jǐ fēn zhōng xiǎo xuě yòu zài tā páng biān
过了几分钟，小雪又在他旁边

shuō nǐ tīng hǎo xiàng xià yǔ le
说：“你听！好像下雨了！”

xiǎo xī zhēng kāi yǎn jing xià yǔ zěn me le
小西睁开眼睛：“下雨怎么了？”

rú guǒ yǔ xià de hěn dà de huà wǒ men de
“如果雨下得很大的话，我们的

fáng zi huì bu huì hěn wēi xiǎn
房子会不会很危险？”

bú huì wǒ men de fáng zi hěn jiē shi fàng
“不会，我们的房子很结实，放

xīn ba xiǎo xī yòu bì shàng yǎn jing shuì jiào
心吧！” 小西又闭上眼睛睡觉。

zài tā gāng yào shuì zháo de shí hou tīng jiàn xiǎo
在他刚要睡着的时候，听见小

xuě zháo jí de shuō nǐ tīng nǐ kuài tīng
雪着急地说："你听！你快听！

yǒu hōng lōng lōng de shēng yīn
有轰隆隆的声音！"

xiǎo xī ān wèi tā shuō tīng jiàn le yīng gāi
小西安慰她说："听见了，应该

shì chū zū chē lù guò de shēng yīn bú yào hài
是出租车路过的声音。不要害

pà kuài shuì jiào ba
怕，快睡觉吧！"

dàn shì xiǎo xuě hái shì hěn bù ān tā tǎng zài
但是小雪还是很不安，她躺在

chuáng shàng zǐ xì de tīng zhe wài bian de shēng
床上仔细地听着外边的声

yīn tū rán tā tīng dào miāo tā gǎn jǐn
音，突然她听到："喵！"她赶紧

jiào xiǎo xī de míng zì ér qiě yā dī shēng yīn
叫小西的名字，而且压低声音

shuō xiǎo xī nǐ tīng yǒu māo zài jiào
说："小西，你听！有猫在叫！"

xiǎo xī xià de mǎ shàng zuò le qǐ lái hé xiǎo xuě
小西吓得马上坐了起来，和小雪

yì qǐ duǒ dào le chuáng de xià bian tīng zhe māo
一起躲到了床的下边。听着猫

zǒu yuǎn hòu cái gǎn hū xī ā ya zhēn shì xià
走远后才敢呼吸。啊呀！真是吓

sǐ xiǎo lǎo shǔ men le
死小老鼠们了！

Chinese Characters + Translation

晚上 12 点半，小雪摇醒了正在睡觉的小西。	It is half past twelve at night. Xiaoxue wakes up Xiaoxi, who is sleeping.
“你听！听见了吗？”	“Listen! Did you hear it?”
小西在床上坐起来，问：“什么？”	Xiaoxi sits up in bed and asks, “What?”
“你没听见吗？外边有人在唱歌！”	“Didn’t you hear it? Someone is singing outside!”
小西打了个哈欠，说：“我们家后面有一个饭店，可能有人还在吃饭吧。吃得高兴了就开始唱歌。快睡吧！”说完后，小西又躺下睡觉。	Xiaoxi lets out a yawn, and says, “There is a restaurant behind our house. Maybe some people are still eating there. When they are happy eating, they start singing. Go to sleep now!” After saying that, Xiaoxi lays down again to sleep.
过了几分钟，小雪又在他旁边说：“你听！好像下雨了！”	A few minutes later, Xiaoxue says next to him again, “Listen! Seems like it is raining!”

小西睁开眼睛："下雨怎么了？"

Xiaoxi opens his eyes and asks, "So what if it's raining?"

"如果雨下得很大的话，我们的房子会不会很危险？"

"If it rains heavily, will our house be in danger?"

"不会，我们的房子很结实，放心吧！"小西又闭上眼睛睡觉。

"No, our house is very sturdy. Don't worry." Xiaoxi closes his eyes again to sleep.

在他刚要睡着的时候，听见小雪着急地说："你听！你快听！有轰隆隆的声音！"

Just as he is about to doze off, he hears Xiaoxue anxiously saying, "Listen! Listen quickly! There's a rumbling sound!"

小西安慰她说："听见了，应该是出租车路过的声音。不要害怕，快睡觉吧！"

Xiaoxi comforts her, "I heard it. It is probably the sound of a taxi passing by. Don't be scared. Go to sleep."

但是小雪还是很不安，她躺在床上仔细地听着外边的声音，突然她听到：

But Xiaoxue is still feeling uneasy. She lays in bed and carefully listens to the sounds from the outside. Suddenly, she

“喵！”她赶紧叫小西的名字，而且压低声音说：“小西，你听！有猫在叫！”

hears, “Meow!” She quickly calls out Xiaoxi’s name and whispers, “Xiaoxi, listen! A cat is meowing!”

小西吓得马上坐了起来，和小雪一起躲到了床的下边。听着猫走远后才敢呼吸。啊呀！真是吓死小老鼠们了！

Xiaoxi is startled and sits up immediately. Together with Xiaoxue, they hide under the bed. They only dare to breathe again only after hearing the cat goes away. Oh, dear! The little mice are scared to death!

Vocabulary

醒 (xǐng) wake up

躺 (tǎng) lie down

好像 (hǎo xiàng) seem like; appear to be

危险 (wēi xiǎn) dangerous

刚 (gāng) just now; recently

仔细 (zǐ xì) careful; attentive

敢 (gǎn) dare to

死 (sǐ) die; dead

路过 (lù guò) pass by

听到 (tīng dào) hear

摇 (yáo) shake

睁 (zhēng) open (eyes)

结实 (jiē shi) sturdy

安慰 (ān wèi) comfort; console

不安 (bù ān) uneasy; restless

赶紧 (gǎn jǐn) hurry; immediately

吓 (xià) scare

呼吸 (hū xī) breathe

老鼠 (lǎo shǔ) mouse

躲 (duǒ) hide; take cover

闭上 (bì shàng) close

哈欠 (hā qian) yawn

打哈欠 (dǎ hā qian) yawn (verb)

轰隆隆 (hōng lōng lōng) rumble, a booming sound, an onomatopoeia for imitating a loud explosion or crash

喵 (miāo) meow

压低 (yā dī) lower (the voice)

啊呀 (ā ya) oh my, an interjection to express surprise or pain

Exercises & Solutions

1. 把下面的词汇翻译成英语。

Translate the following words to English.

睡觉

旁边

眼睛

声音

突然

2. 把打乱的词汇重新排列，组成一句话。

Rearrange the words to form a sentence.

你

吗

没

见

听

3.请在故事中找到至少 3 个需要用到嘴巴的动词。

Find at least 3 verbs in the story that require the use of the mouth.

4.小西和小雪是人吗？

Are Xiaoxi and Xiaoxue humans?

5.这里有几对词，哪一对不是反义词？

Here are a few pairs of words, which pair is not an antonym?

A.睁开——闭上

B.躺下——坐起来

C.着急——赶紧

D.放心——不安

Solutions

1.

睡觉 sleep

旁边 next to

眼睛 eye

声音 sound

突然 suddenly

2.你没听见吗？

3.说，问，唱，吃，叫

4.不是，他们是老鼠。 (No, they are mice.)

5.C

Link to Download the Audio of the Stories

ALLanguageCafe.com/AudioEasyReading

If you like this book, you might also enjoy our *Chinese Graded Readers with Audio* (New HSK standard), featuring a wide range of engaging and diverse topics. Visit the link below to purchase: ALLanguageCafe.com/GradedReadersEasy

Aliens in Shanghai (Level 1)

In the dead of night, two aliens touch down in Shanghai. Disguised as humans, they try to blend into society but quickly find themselves in a series of unexpected and comical situations. On top of that, they're on a secret mission. What brought them to Earth? Will they complete their mission?

Get ready for an exciting mix of humor and suspense. Come join them on their extraordinary adventure!

Miss Unlucky (Level 2)

Four girls, one college dorm room: A girl with perpetual bad luck, a girl known as a jinx, a girl who reacts as slowly as "Flash the Sloth," and a girl nicknamed "Genie." What kind of fun adventures and chaos will unfold?

Immerse yourself in the fascinating stories of Chinese college students: their heartfelt friendships, vibrant campus life, youthful romances, and the rich emotions woven into their everyday lives.

www.ingramcontent.com/pod-product-compliance
Lightning Source LLC
LaVergne TN
LVHW050544160826
845677LV00011B/2175

* 9 7 9 8 3 3 0 3 4 3 3 4 8 *